결정적
순간의
리더십

결정적 순간의 리더십

2017년 2월 28일 초판 1쇄 | 2023년 2월 9일 14쇄 발행

지은이 고현숙
펴낸이 박시형, 최세현

책임편집 조아라
마케팅 양근모, 권금숙, 양봉호, 이주형 **온라인마케팅** 신하은, 정문희, 현나래
디지털콘텐츠 김명래, 최은정, 김혜정 **해외기획** 우정민, 배혜림
경영지원 홍성택, 김현우, 강신우 **제작** 이진형
펴낸곳 (주)쌤앤파커스 **출판신고** 2006년 9월 25일 제406-2006-000210호
주소 서울시 마포구 월드컵북로 396 누리꿈스퀘어 비즈니스타워 18층
전화 02-6712-9800 **팩스** 02-6712-9810 **이메일** info@smpk.kr

ⓒ 고현숙 (저작권자와 맺은 특약에 따라 검인을 생략합니다)
ISBN 978-89-6570-425-6 (03320)

쌤앤파커스(Sam&Parkers)는 독자 여러분의 책에 관한 아이디어와 원고 투고를 설레는 마음으로 기다리고 있습니다. 책으로 엮기를 원하는 아이디어가 있으신 분은 이메일 book@smpk.kr로 간단한 개요와 취지, 연락처 등을 보내주세요. 머뭇거리지 말고 문을 두드리세요. 길이 열립니다.

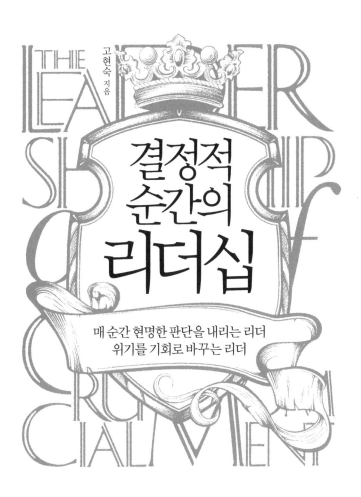

고현숙 지음

THE LEADERSHIP OF CRUCIAL MENT

결정적 순간의 리더십

매 순간 현명한 판단을 내리는 리더
위기를 기회로 바꾸는 리더

쌤앤파커스

결국엔 리더가 돌파해야 한다

고민에 빠진 리더들을 만나 상담하고, 조언을 하다 보니, 가끔 이런 돌직구 질문을 받는다.

"사람이 정말 변합니까?"

"오십 넘은 사람도 변할 수 있습니까?"

대답하기 전에 질문한 사람의 생각을 물어본다.

"정말 변할 수 있다고 생각하세요?"

대부분 변하는 게 불가능하거나 매우 어렵다고 한다. 나는 이렇게 대답한다. 변하는 부분도 있고 변하지 않는 부분도 있다고. 변하지 않는 부분은 무엇일까? '성격'이나 '기질적 특성'이다. 즉 타고나는 것들이다.

그럼 변하는 부분은 무엇일까? 사람의 '의식'이다. 의식이 바뀌면 행동도 바뀐다. 그리고 이렇게 바뀐 행동이 지속되면 습관이 된다. 자라나면서 내면화된 가치관은 잘 변하지 않는다. 하지만 암에 걸려 죽을 뻔했다가 회복된 후 완전히 다른 인생을 살게 되는 경우처럼, 어떤 삶의 경험이나 자극은 가치관의 전복을 가져오기도 한다.

부하 직원에게 일을 믿고 맡기지 못하고 사소한 일까지 다 챙겨야 직성이 풀리는 상사가 있었다. 그의 패러다임으로는 직원이 수행한 일을 날카롭게 지적하고 고쳐주는 게 유능함의 징표였다. 마음속으로 직원이 한 일에 승인만 하는 것은 무능하거나 최소한 열정 없는 행동이라고 여기고 있었던 것이다. 그런 무의식적 전제가 머릿속에 굳게 자리 잡고 있었기 때문에, 아무리 권한 위임이 필요하다고 이해하려고 해도 잘 되지 않았다. 조금만 급하면 곧장 과거의 방식으로 회귀했다.

문제는 이런 무의식적 가정이다. 그렇기 때문에 스스로의 신념과 가정에 잘못이 있음을 깨닫고, 자신이 여기에 휘둘려왔음을 알아차리고 새로운 관점을 가질 때에만 행동이 변화된다.

변화 또한 한 번의 깨달음만으로는 부족하다. 행동이 지속되도록 시도하고 연습하고 노력하는 꾸준한 과정이 있어야 한다. 그럴 때 비로소 새로운 습관이 형성되는 것이다. 나의 역할은 리더 스스로 문제를 의식하고 행동하고 습관화해나가는 바로 이 과정을 함께

해나가고 독려하는 것이다.

리더들도 흔들린다. 아니 실은 리더니까 흔들리는 거다. 아무 생각 없이 남 하라는 대로 따르는 추종자들이 아니기에, 늘 뭔가 판단하고 제시해야 하기에 고민을 안고 산다. 조직이 나아갈 방향을 고민하고, 크고 작은 일 처리를 고민하고, 사람 관리도 고민하고, 자기 진로도 고민하기에 흔들릴 수밖에 없는 존재다. '내가 잘하고 있는 건가?' 높은 자리에 올라가서도 늘 회의하며 산다.

나는 지난 15년간 한국의 경영자들을 교육하고 코칭해왔다. 그러면서 더 애정을 가지게 된 것 같다. 그들이 누구인지 진정으로 이해하게 된 느낌이다. 나는 코칭을 해주는 입장이었지만 어떨 때는 그들의 일부가 된 것 같은 동질감, 완벽하게 통하는 느낌을 경험했다. 그들이 어떻게 자랐고 어떤 영향을 받았으며, 어떤 가치관으로 일하고, 얼마나 몰입하는지, 성과를 내고도 축하하고 기뻐할 새도 없이 바로 다음 목표를 향해 스스로 채찍질해가는 모습까지도 보아왔다. 그렇게 열심히 일하는 가슴 밑바닥에는, 언제나 생존의 불안과 인정에 대한 허기가 놓여 있는 것도 이해할 수 있었다.

그들은 대부분 사심이 없다. 본인이 옳다고 생각한 일, 해야 한다고 생각한 책무를 완수하는 데 최선을 다할 뿐이다. 리더들 개개인은 성격도, 쌓아온 역사도, 업무도, 이해관계도 모두 다 다르다. 하지만 경영자라는 집단 자아가 있다면, 그 자아가 간절히 바라는 공통된 소망이 있을 것이다. 조직에 정말 크게 기여하고 싶고, 존경받는 리더가 되고 싶으며, 생존에 대한 불안 없이 안정감을 느끼며 일하고 싶은 소망 말이다.

한국 사회가 많은 문제에도 불구하고 이만한 성장과 성숙을 달성해낸 데는 경영 리더들의 헌신과 몰입이 큰 역할을 했다고 생각한다. 만족을 모르는 그들의 파이팅 정신이 조직을 안주하지 않게 했고, 일과 삶의 균형 따위 사치라고 여겼던 몰입이 눈부신 성취를 이뤄내왔다. 물론 그로 인한 문제도 그림자처럼 따라 나올 수밖에 없었기는 하다. 그러나 우선 나는 리더들의 공헌과 강점을 진정으로 알아주고 싶다. 소박하지만 진정한 인정의 상을 차려드리고 싶다.

일하는 현장에서는 늘 고민스러운 상황이 발생한다. 이해 당사자들의 요구, 상사 혹은 동료들과의 의견 불일치, 구성원들의 실망스러운 성과, 새로운 전략의 부재, 앞이 보이지 않는 조직의 방향…. 이런 상황에서 리더들은 늘 선택의 기로에 서게 된다. 직간접적인 경험과 나름의 지혜를 동원하여 대처하고 선택한다. 시간이 없기 때문에 전문가에게 즉시 조언을 구하기도 어렵다. 그렇게 급하게 행동하고 나면 다시 자신의 행동을 찬찬히 돌아보면서 되새기고, 깨우칠 수 있는 시간, 즉 성찰의 공간도 부족하다. 그러다 보니 비슷하게 닥치는 상황에 또 임기응변하며 겪어내게 된다. 어려움을 타개하려는 마음은 크지만, 결국엔 또다시 이전의 경영을 답습하게 되는 이유다.

리더들이 특히 헷갈리는 순간들은 어떤 때일까? 내가 어떤 사람인지를 드러내야 하는 순간, 사람들을 어떻게 대하는지를 보여줘야 하는 순간, 상대방과 어떤 관계를 형성할지를 결정해야 하는 중요한 순간들이 있다. 마치 처음 가게에 들어서서 경험하는 단 몇 분간이 그 가게의 호감도를 결정하는 결정적 순간인 것처럼, 리더에게도 구성원들에게 자신의 생각을 드러내고 인격과 이후의 관계를 규정하게 하는 '결정적 순간'들이 있다. 이 책은 그에 관한 것이다. 리더십을 드러내는 짧고도 미묘한 순간에 무엇을 기준으로 생각하고 행동해야 할지에 관한 내용이다.

이 책에는 고민하고 흔들리는 리더에게 리더 자신의 목소리를 빌려 전하는 조언이 담겨 있다. 개별 리더에게 집단 자아가 주는 충고라고나 할까. 왜냐하면 이 책의 대부분을 이루는 내용은 나의 순수 창작물이라기보다는 경영자 코치로서 내가 리더들과 함께 논의했던 고민들, 함께 풀어갔던 해법들을 정리해놓은 것이기 때문이다. 리더들이 가장 많이 고민하는 주제는 무엇일까? 그것들을 그들은 어떻게 풀어갔는가? 때론 좌절하기도 하고 때론 후퇴하기도 했지만, 그들을 도우면서 분명히 인식과 행동의 전환을 경험하는 순간들을 마치 증인처럼 옆에서 봐왔다. 그런 지혜를 모아 정리한 것이 이 책, 《결정적 순간의 리더십》이다.

경영 현장에서 마주치는 수많은 난관 앞에서, 한국의 리더들은 때때로 흔들린다. 하지만 리더는 결국, 돌파해나가는 사람이다. 그들의 깊은 내면에선 어려움을 극복할 원칙도 알고 있다고 생각한다. 그 내면의 목소리를 좀 더 크고 분명하게 글로 써본 것이 저자로서 나의 역할이다.

이 책이 한국의 경영자들에게 위안과 깨달음을 주고 스스로의 원칙을 확인하는 도구가 되길 바란다.

고현숙

목차

리더가 되었다

포지션이 바뀌면,
일하는 방식도 바뀌어야 한다

좋은 리더는 일상적 업무까지 일일이 통제하지 않는다. 리더의 직무는 실무에 얽매이는 것이 아니라, 발전적인 업무체계를 수립하고 유능한 직원을 배치하며, 일이 제대로 진행되도록 정확한 방향을 설정하는 것이다. 만일 직원 대신 리더가 나서서 직접 실무를 처리해야 한다면, 이는 직원을 잘못 뽑았거나 업무 체계에 문제가 있는 것이다.

01

임원이 되었는데도
실무에 빠져 있을 것인가?

직원들이 해야 할 실무까지 꼼꼼히 챙기는 임원이 있었다. 직원들의 역량이 부족하고 매사에 적극적이지 않다며 불만이 많은 분이었다. 아무리 '몰입'을 강조해도 변하지 않는 직원들이 한심하고 이해가 안 된다고 했다. 휘하 직원들을 인터뷰해보니 이런 대답이 나왔다.

"어차피 상무님이 다시 일일이 보시면서 고치기 때문에 괜히 중간 단계에서 힘을 주지 않으려고 합니다. 처음엔 저희도 열심히 했죠. 그런데 아무리 정성을 들여서 밥상을 잘 차려 올려봐야 결국엔 다 맘에 안 든다고 걷어차시니까… 이제는 밥상을 제대로 안 차리는 거죠."

임원이 커다란 방향을 제시하기보다는 사소한 오류 체크에 초점을 맞추다 보니, 직원들은 직원들대로 불만이었다. 큰 그림에 대한 생각을 나누거나 직원이 왜 그렇게 일을 해왔는지는 알지도 못하고 관심도 없었다. '아마 열성이 부족해서, 실력이 없어서 그랬겠지….' 하고 일방적으로 추측하는 정도였다. 본인이 그렇게나 여러 번 지적하는데도 개선되지 않는 게 답답하고 화가 날 뿐이었다.

이 임원에게 질문했다.

"직원들이 일을 왜 그렇게 한다고 생각하세요?"

"글쎄요… 사고가 게으른 거겠죠."

"아, 그렇게 생각하시나요?"

"치열하게 생각했다면 당연히 해내지 않겠습니까?"

"혹시 다른 원인이 있을 수도 있지 않을까요?"

대화가 끊어졌다. 직원들이 상사가 주문하는 그 질質의 수준을 이해하지 못했을 수도 있고, 설령 이해한다고 해도 그렇게 해낼 여건이 안 되거나 실력이 부족했을 수도 있다. 이건 다그친다고 해결되지 않는다.

침묵이 흐른 뒤, 임원은 이렇게 말했다.

"솔직히 제가 잘 모르고 있었다는 생각이 드네요. 급한 마음에 몰아치기만 했지…."

직원들이 왜 그렇게 일하는지 함께 알아보기로 했다. 객관적인 입장에서 파악하기 위해서 임원이 직원 몇 사람을 직접 면담하면서 그들의 의견을 들어보기로 했고, 바로 실행에 옮겼다.

이게 굉장한 전환이었다. 사실 이 임원은 리더십을 개선하고 말고 할 필요가 없었다. 직원을 직접 면담한 것을 계기로 조직의 분위기는 완전히 바뀌었다. 바로 몇 달 후 조직 서베이에서 임원에 대한 리더십 평가 점수가 극적으로 상승했다. 임원은 직원과 허심탄회하게 이야기를 나누는 과정에서, 자기 식대로 직원들을 일방적으로 판단했고 몰아붙이기만 했지 어떤 지원이 필요한지 관심을 가지고, 그 지원을 해주는 것에는 상대적으로 미흡했음을 깨달았다고 했다. 또한 직원들의 바쁜 일상 업무 속에서 왜 자신의 주문이 그토록 수행하기 어려웠는지 자세히 알게 되었다. 흉금을 터놓고 의논해서야 비로소 해결책도 좀 더 실행 가능한 것이 나왔던 것이다.

비단 이 사례뿐만 아니라, 구성원들에게 일을 맡겨놓고는 기다리지 못하고, 해온 결과가 신통치 않았을 때 그들의 무능 탓으로 돌리거나 리더 스스로 직접 나서서 저리하는 모습은 업부 현상에서 흔히 볼 수 있는 일이다. 그러나 이때 리더가 어떤 생각을 하고, 어떤 선택을 하는지에 따라서 구성원들의 역량과 사기에 결정적 영향을

> 조직은 일 잘하는 사람을 승진시킨다. 하지만 막상 승진해보면 리더에게 필요한 능력은 실무를 잘하는 것보다는 실무를 잘하도록 이끄는 '리더십'임을 깨닫게 된다. 명심하라. 리더는 본질적으로 다른 사람을 통해 목표를 달성하는 사람이다.

미친다. 이 순간이야말로 경영의 첫 번째 결정적 순간이다.

구성원들에게 일을 맡기고 방향을 잡아줄 것인가? 아니면 실무자에서 벗어나지 못하고 내 일로 끌어올 것인가?

'책임'과 '담당'을 착각하지 마라

리더십에 대한 정의가 많이 있지만 공통적인 핵심 요소는 다음 세 가지이다.

〈리더십의 핵심 요소〉

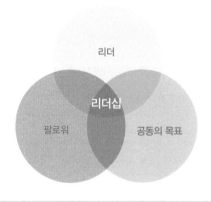

리더, 팔로워, 공동의 목표 세 가지 요소가 있을 때 리더십이 의미가 있게 된다. 즉, '리더'가 '공동의 목표'를 잘 달성하기 위해서

'팔로워들에게 영향을 미치는 행위', 이것이 리더십이다. 그런 면에서 리더의 본질적인 역할도 리더십의 핵심 정의에서 비롯된다.

리더의 역할을 정리하면 다음과 같다.

〈리더십의 필수 역할〉

공동의 목표 설정	▶	비전과 전략 제시
팔로워 성과 관리	▶	동기와 임파워먼트 부여
업무 실행 구조 개선	▶	조직과 시스템 정비

리더는 공동의 목표를 분명히 하고 조직의 비전과 전략을 제시할 수 있어야 한다. 또한 구성원들의 성과 관리와 함께 목표에 헌신할 수 있도록 동기부여와 권한 위임을 고민해야 하고, 효과적인 업무 실행 시스템 마련에도 관심을 기울여야 한다. 리더십의 정의는 사람에 따라 달라질 수 있겠지만 위의 내용이 보편적인 리더의 역할이다. 리더라면 이 역할을 제대로 수행하기 위해 시간과 노력을 들여서 '잘'해내야 한다. 그럼에도 리더가 되고서도 자기 책상 위에 놓인 서류와 이메일 처리만 일로 생각하는 실무자 시각을 벗어나지 못하는 경우가 많다.

팀장으로 일하다 승진해서 A, B, C팀으로 이루어진 본부의 담당임원이 된 어느 신임 임원의 사례다. 팀장 시절에는 맡은 일 하나는 최고로 잘해낸다고 인정받았지만, 정작 승진한 후에는 자신의 일이 어떻게 바뀌어야 하는지 잘 몰랐다. 아무도 말해주는 사람도 없었고, 그렇다고 일을 놓을 수도 없었다. 그러다 보니 팀장 때 일 하던 습관대로 하나하나의 과업이 어떻게 돌아가는지 챙기고, 일이 잘못되지 않도록 촘촘히 관리했다. 그렇게 팀장으로 일하던 방식으로 세 팀의 업무를 실무적으로 다 챙기다 보니 한꺼번에 너무 많은 일을 껴안게 되었고 퇴근이 늦어질 수밖에 없었다. 결국, 처음 1년간 직원들 사이에선 임원이 아니라 '대리급'이라는 치욕스런 별명이 나돌았다. 그때서야 '혹시 내가 뭘 잘못하고 있는 건가?'라는 의심이 들었다. 그 이후 그는 실무에 너무 관여하지 말자고 다짐했지만 여전히 A팀에는 세부적으로 관여하고 B와 C팀에는 방임하는 식으로 하면서 절름발이 경영을 하게 되었다.

문제는 바로 실무자에서 리더로 변화된 역할을 소화해내지 못한 것이다. 흔히 임원의 자리에 처음 오른 경우 이처럼 전환에 실패하거나 지체되는 현상이 일어난다. 리더의 '결정적 순간'은 바로 실무자에서 벗어나는 순간이다. 막연히 불안감에 떨기보다는, 리더로서의 새로운 일을 정의하고 거기에 시간을 쓰는 것에 적응해야 한다. 아직도 내 컴퓨터 앞에서 이메일과 보고서를 작성하고 수정하는 것만 일 같게 느껴지고, 사람들을 만나고 면담하는 것은 일로 느껴지지 않는다면 이는 전환이 안 되었다는 증거다.

이런 리더들은 대부분 각종 자잘한 현업들을 처리하느라 정작 꼭 해야 할 리더의 일, 즉 직원들을 면담하고, 그들의 일에 피드백하고 함께 방향을 고민하는 데는 쓸 시간이 없다고 말한다. 하루하루 떨어지는 일 쳐내느라 바빠서 비전과 전략은 1년에 한 번 사업계획 세울 때만 고민한다. 조직 전체가 한 방향으로 정렬되어 있는지 구조와 시스템을 검토하고 개선해나갈 여유가 없다고 한다. 이래서는 리더의 역할을 내려놓는 게 차라리 나을 것이다. 사람과 조직을 이끄는 것에 이해가 없을 뿐더러 배우려고도 하지 않기 때문이다. **실무를 하며 뛰어야 할 사람은 리더 혼자가 아니라, 구성원들이다. 조직이 목표를 향해 나아가게 하려 한다면, 리더는 실무를 하기에급급할 것이 아니라, 구성원들에게 달성해야 할 목표와 비전을 분명히제시하고, 구성원들이 몰입하고 자기 목표를 달성하도록 돕는 '리더'의역할을 해야 한다.**

　조직은 일 잘하는 사람을 승진시킨다. 하지만 승진해보면 자신이 맡은 업무를 잘해내야 하는 건 당연하고, 리더십 또한 필요하다는 사실을 알게 된다. 어떤 경우는 실무를 잘하는 것이 오히려 방해가 되는 경우도 있다. 앞선 사례처럼, 스스로 리더로 전환하지 못하고 부하의 일을 가져다가 시간과 에너지를 쏟아 붓느라 더 바쁘고 그러다 탈진하기도 한다. 리더가 되었는데도 실무를 챙기느라바빠서 리더로서의 역할을 할 시간이 없다고 하는 것은 근본적으로리더로 전환이 되지 않았기 때문에 일어나는 현상이다.

　그래서 나는 리더의 진정한 반대말은 '팔로워'나 '관리자'가 아니라 '개별 성과자individual contributor'라고 생각한다. 혼자 일 잘하는 사람이 리더의 반대말이다. 왜냐고? 리더는 본질적으로 다른 사람을 통해 목표를 달성하는 사람이기 때문이다.

또한 리더는 빈 시간을 만들 수 있어야 한다. 그래야 고민할 여유가 생기고, 그래야 사람들이 찾아와서 의논을 할 수 있다. 아이들이 부모가 바쁜 것에 민감한 것처럼 직원들도 리더가 너무 바쁘면 지레 포기하고 찾아오지 못한다. 그들을 위한 시간, 긴급하게 벌어지는 일에 대응할 여유 시간을 비워두지 않으면 리더는 매일 불 끄러 다니는 소방수 같은 생활에서 벗어나지 못할 수밖에 없다.

02

개미의 더듬이가 아닌, 독수리의 시야를 가져라

리더는 비전과 목표를 분명하게 하고 조직을 그 목표에 맞게 한 방향으로 정렬시켜야 한다. 이 일에 시간을 쏟고 자신의 비전과 목표를 중심으로 구성원들과 소통해야 한다. 그러므로 제일 먼저 필요한 것은 나의 확실한 역할 정립이다. 리더로서 자신의 역할을 자각하지 못하면 임기 내내 우왕좌왕하다가 조직 전체의 비효율을 야기할 수 있기 때문이다. 따라서 조직에서 자신이 해야 할 역할이 무엇인지 알고 그 역할에 집중할 시간과 행동 변화가 반드시 필요하다.

자 이제 어떻게 변화를 이루어 나갈지, 하나씩 살펴보자.

누구도 처음부터 완벽할 수는 없다

리더로서 승진하거나 새로운 역할로 영전을 하면 주위에서 많은 축하를 받는다. 그런데 축하만 오는 게 아니라, 불안감도 함께 온다. 비록 승진은 했지만 처음엔 자신의 역량에 스스로도 의심을 품게 된다. 당연하다. 리더의 포지션 자체는 과거의 상사의 롤이나 다름없기 때문이다. 놀랍게도 승진한 임원의 90퍼센트는 자기 역량이 과대평가되었다고 생각한다는 통계가 있다. 새로운 포지션에서 잘할 수 있을 거라는 확신이 부족하기 때문에 내면에서 위축감을 경험하며 주위의 눈치를 지나치게 살피게 된다. CCL Center for Creative Leadership의 조사에 의하면 승진에 따른 스트레스의 정도는 이혼이나 이사, 반항적인 10대 자녀를 다루는 일만큼이나 엄청나다고 한다. 이 스트레스는 자신이 감당해야 하는 역할과 해낼 수 있다는 자신감의 괴리에서 오는 것이고, 그 스트레스는 결과적으로 주위를 실망시킬 수 있다는 염려로 이어지면서 더욱 스스로를 긴장시킨다. 이런 스트레스와 긴장감은 자신이 이미 가진 역량을 발휘하는 데 큰 장애물이 된다.

자기 고유의 강점도 있고, 역량도 갖추고 있음에도 불구하고 새로운 역할 앞에서 지나치게 긴장을 하다 보면 오히려 기량을 잃어버리는데, 이는 마치 운동선수가 중요한 게임에서 긴장을 해서 자신감을 잃고 자기 고유의 리듬과 파워를 잃어버리는 마비 현상과 비슷하다. 이와 같이 긴장은 몰입을 방해한다. 상사와 주위 사람의 눈치를 보면서 그들이 원하는 것에 맞추려고 하면 할수록 몰입이 일어나기 어려운 것이다.

리더로서 조직 전체를 조망하고 문제를 해결하는 자신의 역할을 자각하지 못하면, '리더십 포지션을 감당하기엔 부족하다.'는 평가에 직면하게 된다. 개미의 시야가 아닌, 독수리의 시야를 가지고 높게, 멀리 조직 전체를 조망할 수 있어야 한다.

승진이나 영입 등으로 새로운 역할을 맡게 된 리더들에게 '그런 상황에서 90퍼센트의 리더들이 자신이 과대평가되었다고 불안감을 느낀다.'는 사실을 알려주면 그들은 대부분 안도의 미소를 짓는다. 공감한다는 뜻이다.

어떻게 생각하는 게 좋을까? 우선 자신을 객관적으로 돌아보라. 당신에게는 그럴 만한 요소가 있기 때문에 조직이 리더의 역할을 맡긴 것이다. 또한 스스로에게 지나치게 완벽한 잣대를 들이대지 말라. 당신이 봐온 상사들도 처음 그 직을 맡았을 때는 완벽하지 않았다. 사람마다 강점이 다르기 때문에 자신의 스타일로 강점을 잘 발휘하면서 일하면 되는 것이다.

초반에 자신을 입증해야 한다는 생각에 사로잡혀서 지나친 열의만으로 밀어붙이는 경우도 있다. 기업들 사이에서는 처음 임원으로 승진한 사람들이 첫 해에 '헛발질을 하는' 경우도 많다고 하는데, 이 또한 전환에 대한 본인의 적응이 완료되지 않았다는 증거이기도 하다.

무엇보다, 처음 몇 개월은 당연히 그런 전환기의 긴장이 있을 수 있다는 점을 인정해야 한다. 이 시기에는 고요하게 혼자의 시간을 가지면서, 자신에게 정말 중요한 것들을 글로 차분하게 정리해보는 것이 도움이 된다. 스스로 중심을 잡는 일이 우리를 강하게 만들기 때문이다.

리더가 된다는 것은 어떤 의미인지, 나는 어떤 리더가 될 것인지, 각각의 이해 당사자들에게 어떤 역할을 할 것인지, 내가 내야 할 성과가 무엇인지를 정리해보면서, 분명하게 정립해나가는 것이 당면한 과제다.

이 모든 전환기의 진실은 이렇게 표현할 수 있다.

'회사는 나를 승진시켰지만 아직 나는 자신을 승진시키지 않았다.'
그래서 경력 전환 초기의 진정한 과제는 '스스로를 승진시키는 것'이다.
당신은 그만한 가치가 있으니, 조직을 이끄는 자리에 오른 것이다. 당신이 겪는 모든 경험은 그 상황에서 유일무이한 것이므로 과거의 상사나 동료 등 남과 비교하면서 잘하는지 못하는지를 스스로 따지고, 비교를 통해 우월감이나 열등감을 느끼는 것 등은 아무 의미가 없다. 누구도 같은 시기에 같은 조직을 이끌 수는 없기 때문이다. 이제는 최선을 다해 리더의 역할을 감당해야 한다. 하버드 대학교 비즈니스 스쿨의 마이클 왓킨스Michael Watkins 교수의 표현을 빌리자면, "스스로를 승진시켜라!"

모르면 길 가는 사람 붙잡고라도 물어라

승진이나 전보, 이직 등으로 새로운 일을 맡으면, 분야에 대해 잘 모르는 것이 당연하다. 초기 어려움 중 하나는 모르는 것을 모른다고 말하지 못하는 것이다. 모른다는 사실을 인정하는 것은 부끄러운 일이 아니다. 용기 있게 묻고 경청하여 핵심을 빠르게 파악하라. 중요한 사실은 질문을 할 수 있는 기한이 '짧다'는 것이다. 마치 허니문 기간처럼, 조직에서도 새 리더가 본질적인 질문을 던질 수 있는 시기는 정해져 있다. 그러니 설령 자신이 그중 일부의 전문가라 하더라도 초심자처럼 호기심을 가질 필요가 있다. 그럴 때 더 잘 배울 수 있으며, 이는 이후 중요한 자산이 되기 때문이다.

눈치와 지레짐작으로 때우려 하지 말고 용기 있게 물어야 한다. 근본적인 질문도 좋다. 초기에 좋은 질문을 하는 것은 그 일을 하고 있는 기존 인력에도 자극이 된다.

업무와 관련한 학습 계획을 세워보는 것도 도움이 된다. 특히 관련된 기술 분야, 전문 분야, 현장에 대해 어떤 스케줄로 어떻게 지식을 따라잡아갈지 구체적인 계획을 세워야 한다. 아는 것이 없이 감으로 하는 데는 한계가 있다. 그렇다고 단기에 해당 분야의 전문가 수준이 되기는 어렵다. 과하게 욕심을 내기보다는 토론이 가능할 정도의 수준으로 핵심 분야의 지식을 학습하는 것이 필요하다.

이때 자신을 가르칠 사람이 조직 내에도 있다는 점을 간과해선 안 된다. 외부 전문가나 어려운 전공서적만 찾을 것이 아니라, 내부의 프런트 라인에서 그 일을 하고 있는 담당자들이야말로 선생님 역할을 충분히 할 수 있는 사람들이다. 그런 내부 자원을 활용하며 생생한 지식을 흡수해야 한다.

나에게 가장 중요한 사람은 누구인가

리더는 자신을 둘러싼 핵심 이해 당사자들이 누구인지를 정의하고, 그들이 조직과 리더에게 어떤 욕구와 기대를 가지고 있는지를 파악할 필요가 있다.

　기업의 관리자인 경우에는, 다음의 핵심 이해 당사자들이 있을 것이다.

주주	상사(와 상사의 상사)	직원
동료	고객	협력사
지역사회 공동체	가족	

　각각의 이해 당사자들이 나에게 기대하는 바, 내가 맡은 조직에 기대하는 바가 무엇인지를 분명히 알아야 한다. 그래야 새 포지션에서 스스로의 성공 기준을 명확히 세울 수 있고, 그래야 진짜 선택과 집중을 할 수 있다. 나는 전환기를 맞아 도움을 요청하는 리더에

게는 이를 정리하기 위해 '이해 당사자 지도'를 그려보게 한다.

이해 당사자 지도는 자신을 둘러싼 이해 당사자들이 누구이고, 각자에게 가장 중요한 것은 무엇이고, 나에게 어떤 기대를 가지고 있는지를 일목요연하게 정리하는 것이다. 자기 상사에 대해서는 파악하지만, 상사의 상사에 대해서는 별로 생각해보지 않는 임원들이 많다. 실은 엄청난 영향을 미치는데도 말이다.

〈이해 당사자 지도〉

각 이해 당사자는 리더에게 기대하는 바가 있다. 예를 들어 상사는 나에게 어떤 성과를 내기를 기대할 것이고, 직원들은 자신들이 안심하고 성장하고 일할 수 있는 환경을 바랄 수 있다. 무엇이든 숙고하고, 필요하면 질문하면서 각 이해 당사자가 리더에게 바라는

것의 핵심을 두 가지 이내로 적어보라. 명료하면 방향을 세울 수 있고, 명료함에서 추진력과 에너지가 나온다.

어느 임원은 핵심 이해 당사자 목록의 가장 위에 '가족'을 기입했다. 자신이 가장 만족시켜야 할 대상이 배우자를 포함한 가족이라는 것이었다.

정부 조직에서 중책을 맡았다가 이임하게 된 리더가 있었는데, 떠나는 시점에서야 이렇게 후회하는 얘기를 들은 적이 있다. 너무 다양한 이슈들에 신경 쓰느라 주의가 분산되었고, 여기저기 행사에 참석하느라 바삐 지내다 보니 정작 본인이 책임져야 할 중요한 역할에 집중하지 못했다는 것이다. 보통 언젠가는 시간을 내어 고민하고 통섭하리라 마음먹지만, 대개 그런 순간은 오지 않는다.

마치 대학원 학위과정에 들어가면 전문적이고 통합적인 지식을 쌓을 것으로 기대하지만, 학기마다 한 과목 한 과목을 마치는 데 급급하게 되고 논문 한 편 쓰는 것에 매달리다가 어느 날 학위 받고 졸업하는 것과 같다. 시간을 넉넉히 두고 차분히 앉아서 생각을 정리하는 날은 오지 않는다. 결국 일상에서 그런 시간과 습관을 만들지 않으면 안 되는 것이다.

조직에는 늘 이슈가 있고 사고가 터지고 급한 과제가 떨어지기 때문에, 임원으로서 중심을 잡지 않으면 임기 내내 응급처치만 하다가 끝날 수가 있다.

그래서 선택과 집중은 단지 시간 관리의 문제가 아니다. 우선 내 머릿속부터 정리하는 데서 출발하자. 잡음을 줄이고 무엇이 중요한지, 내 역할의 기준과 우선순위를 분명하게 정리해야 한다. 그것은 혼자만의 생각에서 나오는 게 아니라 핵심 이해 당사자의 기대 사항에서 나온다.

개미가 아닌, '독수리의 시야'를 가져라

처음 리더가 되면 직책과 책상은 달라졌지만, 담당자 마인드에 머물러 있기 쉽다. 예를 들어 이제는 경영진 혹은 리더십 팀의 일원이 되었는데도, 회의에서는 여전히 실무적인 데만 의견을 제시하고 조직 전체의 일에 대해서는 마치 남의 일 보듯 하는 것이다. 리더가 된다는 것은 조직 전체에 대한 책임을 지는 걸 말한다. 조직의 일이 잘못되었을 때, 책임만 따지며 내 책임만 아니면 된다는 태도를 보이는 사람들이 있다. 심지어 높은 직급에 올라가서조차 자기 부서의 공적을 위주로 생각하거나 자기 부서의 입장만 대변하는 경우가 있다. 자기 부서의 책임이 아니면 타 부서의 일이라 생각해서 별 관심을 보이지 않는 것이다.

간혹 리더십 팀이 그런 사람들 위주로 채워져 있는 경우를 보게 된다. 한번은 그런 모습을 보고 경영진의 코치로서, 이렇게 문제 제기를 한 적이 있다.

"여기는 전체 경영진이 모여 있는데도, 연구소장은 연구소 일만, 생산 담당 임원은 공장의 일만, 마케팅 임원은 마케팅만 신경을 쓰시는 것 같네요. 그러다 보면 이렇게 큰 기업에서 회사 전체를 놓고 고민하는 사람은 정말 CEO 한 사람밖에 없는 것 같습니다. 마치 지방자치단체의 장들이 모여 있는 것 같군요."라고.

이 문제 제기가 너무 직설적으로 들렸을 수도 있지만, 확실히 그 다음부터는 회의의 분위기가 달라졌던 것이 기억난다. 문제는 이런 조직이 드물지 않다는 것이다.

리더로서 조직 전체를 조망하고 문제를 해결해야 하는 자신의 역할을 자각하지 못하면, 조만간 '저 사람은 실무자일 때는 꽤 능력이 있었는데, 리더십 포지션을 감당하기엔 부족하다.'는 평가에 직면하게 된다. 리더라면 개미의 더듬이가 아닌, 독수리의 시야를 가지고 높게, 멀리 조직 전체를 조망할 수 있어야 한다.

비록 한 부서의 장이라 해도, 부서 이기주의적인 편협한 관점에서 임해선 안 된다. 어떤 리더들은 일을 많이 맡아와서 자기 부서원들에게 원망 들을까 봐 은근히 두려워하는 경우도 있다. 물론 부서원들의 의견을 들어야 하는 게 리더의 직무이긴 하다. 하지만 궁극적으로 리더란 성과를 내는 사람이지, 구성원의 인기를 쫓는 사람이 아니다. 조직 전체의 관점에서 바람직한 일이라면 구성원들을 설득할 수 있어야 한다.

특히 임원이 되어서도 본인 부서 입장만 대변하고 타 부서와의 협력이 부족하면, 결국 전사적 관점이 부족하다는 평을 듣게 된다. 부서별로 이기주의가 창궐하고 칸막이 장벽에 매몰되어 조직 전체의 비효율이 야기되는 현상을 사일로 현상Organizational Silos Effect이라고 한다. 경영팀의 일원으로서 관점을 가진다는 건 오히려 자기 부서를 전체 관점에서 객관적으로 바라볼 수 있어야 한다는 뜻이다. 그런 관점에서 균형을 잡을 수 있어야 리더로서 다음 단계를 준비할 수 있는 것이다.

03

벡터를 공유하면
지시에 힘이 실린다

오래전에 한 리더에게서 받은 신선한 충격은 지금도 생생하다. 그는 지방 전문대학의 총장으로 연세가 꽤 많은 분이었는데, 이렇게 말을 시작했다.

"아무리 작은 조직이라도 장長이 될 사람이 그 조직을 어떻게 만들겠다는 비전이 없다면 그건 조직의 모든 사람에게 해를 끼치는 겁니다. 만약 작은 점포를 맡은 점포주라고 해도, 이 점포를 어떻게 키워가겠다는 비전이 있는 사람이 리더인 겁니다."

정말 중요한 말이다.

신임 임원들이든 신임 팀장이든, 조직을 맡은 사람에게 나는 이런 질문을 한다.

첫째, 이 조직이 성공한다는 건 어떤 모습입니까?

둘째, 조직 구성원들이 가장 바라는 비전은 어떤 겁니까?

셋째, 구성원과 비전을 확인하고 공유하기 위해서 어떤 노력이 필요합니까?

물론 조직의 비전과 전략이 어디서 뚝 떨어지는 것도 아니고, 전임자의 고민의 결과를 무조건 부정해야 하는 건 아니다. 하지만 적어도 **비전을 분명히하고 공유하는 건 리더의 첫 번째 일이라고 해도 과언이 아니다. 구성원들이 한 방향을 향해 노를 젓지 않는다면, 힘만 빠질 뿐 성과는 나지 않기 때문이다.**

종종 비전과 방향 공유를 의례적이고 형식화된 말치레로 치부하고, 당장의 과업이 더 중요하다는 리더도 보게 된다. 아마 큰 그림에 대해 얘기하는 것을 약간 허황된 일처럼 느끼는 성향 때문일 수도 있다. 하지만 구성원들에게는 우리가 어디로 가고 있고, 지금하는 이 일들이 전체적인 방향과 어떻게 정렬되는지를 아주 분명하게 설득하는 것이 중요하다.

회사 대표가 전사의 비전과 목표를 정했으니 아래에선 따르기만하면 된다고 생각한다면, 이는 '액자에 걸린 비전'에 불과하다. 구성원들이 조직의 비전과 목표를 토의하고 그 의미를 수용하여, 그에 적합한 팀 혹은 개인 차원의 목표로 전환할 때 노를 같은 방향을 향해 저을 수 있는 것이다.

만약 새로운 조직을 맡았다면 구성원과 함께 우리 조직이 왜 존재하는지, 무엇을 세상에 가져다주기 위해 우리가 필요한지, 즉 조직의 존재 이유를 토론하고 '사명서mission statement'로 정리해야 할 것이다. 이미 사명이 있다 해도 다시 한 번 조직원과 이를 리뷰하면서 의미를 돌아보고 개정할 필요가 없는지 확인해야 한다.

비전은 미래에 대한 생생한 그림이다. 우리 조직의 가장 바람직한 미래 모습은 무엇인지, 그 내용을 담는 것이 비전이다. 지금 이대로의 5년 뒤 10년 뒤 모습이 아닌, 구성원들이 집단적으로 이루고 싶은 미래 모습을 함께 그리고 정리해보는 것이다. 비전도 역시 주기적으로 다시 검토하고 토의하면서 다듬어나가야 한다.

예를 들어 '5년 내 매출 1,000억 달성' 같은 수치 목표는 비전으로서 정서적 공감을 불러일으키는 데 한계가 있다. 구성원들에게 그게 무슨 의미가 있겠는가? 아마 삶의 질 향상이나 좋은 회사에 다닌다는 자부심, 회사를 통해 사회에 얼마나 좋은 영향을 미치는지 등이 더 토의되어야 할 것이다. 그럴 때 비전에 구성원들의 마음이 담기는 것이다.

마음을 담은 비전에서 열정이 나온다

"호텔 개장 시 목표가 무엇인가?"

제주에 특급 호텔을 개장할 임무를 띠고 부임했던 한 CEO의 이야기다. 미리 투입되어 개장을 준비하던 팀에게 그는 목표를 물어보았다. 보통 호텔은 객실 점유율로 목표를 관리한다. 돌아온 답은 '객실 점유율 68퍼센트'였다. 주변의 동급 호텔의 객실 점유율이 그 정도라는 것이 그 이유였다.

누구보다 도전의식이 높았던 그는 현실의 수준에 딱 눈높이를 두고 있는 직원들을 보며 고민에 빠졌다.

그는 직원들과 함께 속리산으로 수련회를 갔다. 현실적 사고에서 벗어나라는 의미에서 장소도 속리산으로 정했다. 그야말로 속세를 떠나자, 완전히 새롭게 생각해보자는 거다. 거기서 그는 일방적으로 목표를 주입한 것이 아니라 구성원 한 사람 한 사람의 살아온 인생 스토리를 서로 나누며 진솔한 이야기를 듣는 시간을 가졌다고 한다. 이야기를 하면서 이 일이 얼마나 서로에게 소중한지가 느껴졌다고 한다. 호텔에서 받는 월급으로 시부모님까지 부양하는 며느리부터, 내 집 마련의 꿈까지 다 듣다 보니 일터의 소중함이 절절하게 느껴졌다고 한다. 그렇게 함께 어우러지는 시간을 충분히 가졌다. 한마음이 되기 위한 의식도 행하면서 일체감을 만들어냈다.

다음 날 아침 등산을 하며 일출을 함께 보았다. 산에서 내려와서 전 직원과 CEO가 일등 호텔의 꿈을 함께 꾸는 사기충천 분위기가 조성되었다. CEO는 "이렇게 소중한 일터인데, 여기서 정말 꿈같은 목표를 세워 한번 해내보자."고 말했고 직원들은 그 자리에서 개장 객실 점유율 95퍼센트를 목표로 세웠다. 실제로 그해 여름 개장 당시 이들은 그 놀라운 목표를 달성했다. 사람들의 동기를 밑바닥에서부터 스스로 끌어올리게 한 결과였다.

리더는 구성원과 신뢰를 형성하고 변화의 방향에 공감대를 만들어내기 위한 전략적인 접근을 시도해야 한다. 리더의 지위를 얻었다고 해서 도덕적 권위까지 거저 오는 것은 아니기 때문이다. 현명한 리더일수록 조직의 문제점을 파악하고, 적절한 성과 목표를 정하여 공유하고, 효과적으로 업무를 배분하는 데 힘을 쏟는다.

지식과 정보가 넘쳐나고 전문화되는 상황에서 리더들에게는 무엇보다 조정과 통합의 역량이 중요하다. 이를 통해 조직이 일체감을 형성하고 한 방향으로 정렬한다면, 《손자병법》 모공편謨攻編에 나오는 "상하동욕자승上下同慾者勝", 즉 같은 목표를 가진 리더와 구성원이라면 반드시 승리를 거머쥐는 일이 현실화될 수 있다.

신뢰가 없는 조직에서 위대한 결과는 나올 수 없다. 신뢰를 형성하는 데는 생각보다 시간이 많이 걸리지 않는다. 스티븐 M. R. 코비Stephen M. R. Covey는 리더가 신뢰를 구축하기 위해 해야 할 일로 다음 몇 가지를 꼽았다.

첫째, 솔직하게 말하라.
둘째, 상대방을 존중하라.

셋째, 투명하게 행동하라.

넷째, 잘못은 즉시 시정하라.

다섯째, 먼저 경청하고 약속을 지켜라.

여섯째, 투명하고 책임 있게 행동하라.

마지막으로, 성과를 내라.

조직을 하나의 방향으로 통합해내기 위해 신뢰의 환경을 구축하고, 사명과 비전을 명확히 했다면 이제 성공을 향해 출발할 준비를 마친 것이다.

04

반문하라,
당신은 어느 순간에
리더를 따랐는가?

리더는 구성원과 신뢰를 형성하고 변화를 이끌 핵심 팀을 구축해야한다. 리더의 지위를 얻었다고 해서 도덕적 권위까지 거저 오는 것은 아니다. 그렇기 때문에 관계를 맺고 신뢰를 형성하려는 노력이무엇보다 중요하다.

성과는 혼자서 이룰 수 없기 때문에 초기에 팔로워들과의 관계를 잘 설정해야 한다. 리더를 진짜 리더로 만들어주는 것은 바로 팔로워라는 사실을 잊어서는 안 된다. 특히 핵심 팔로워들과는 수직적이고 형식적인 관계가 아니라 인간적으로 공감하고, 어느 정도는수평적이고 동지적인 관점에서 관계를 맺을 필요가 있다.

물론 그것이 공식적인 조직 체계를 무시하는 비선 조직이어서는 절대 안 된다. 공식적인 핵심 팀을 만들기 위해 필요하다면 리더의 권한도 사용할 필요가 있다. 먼저 팔로워십을 살펴보자.

어떻게 따르게 만들 것인가

리더십에 대한 관심은 매우 높지만, 그에 못지않게 중요한 '팔로워십'에는 관심이 부족하다. 조직 성과의 80~90퍼센트는 팔로워들에 의해 만들어지는데, 정작 좋은 팔로워십을 발휘하고 있는지에 대해서는 관심이 부족하다.

또한 조직에서 대부분의 리더들이 리더인 동시에 팔로워이기도 하다. 리더이기만 한 사람은 드물다. 팔로워십을 잘 발휘해야 하는 위치이기도 한 것이다. 좋은 팔로워십이란 어떤 것일까? 무조건 따르는 사람? 리더에게 바른 말을 아끼지 않는 사람? 목적과 방향을 확실하게 함께 하는 동지적인 사람? 아마 이런 요소들이 다 필요할 것이다. 그래서 팔로워십은 리더십의 일종이다. 사람들은 조직이 잘 되든 못 되든 그 이유의 모든 걸 리더의 덕 혹은 리더의 탓으로 돌리는데, 이것은 분명 지나친 귀납이다. 이걸 리더십의 낭만화 the romance of leadership라고 한다. 사실 조직의 성과에는 리더십뿐만이 아닌 많은 요인들이 작용하며, 그중 중요한 것이 팔로워들의 실행력이다. 이 모든 걸 사장하고 눈에 띄는 한두 사람의 리더의 영향으로 단순하게 해석하고 싶은 욕구가 있다. 낭만적인 사고가 아닐 수 없다.

조직이 적절한 긴장감을 가지고 결속력을 단단하게 다지려면, 리더 스스로가 직원들에게 좋은 리더십을 보일 필요도 있지만 직원들 또한 리더에게 굿 팔로워여야 한다.

굿 팔로워십은 리더십을 빛나게 만들어준다. 심리학 용어에 동조현상을 나타내는 '3의 법칙'이라는 게 있다. 처음에 누군가 특이한 행동을 하면 사람들은 무시하지만, 두 번째 세 번째 동조자가 나타나면 상황이 달라진다. 하나의 집단 움직임으로 형성되기 시작하면서 동조자들이 늘어나고, 무리가 커질수록 그에 속하지 않는 것이 이상해져서 하나의 주류가 형성되는 것이다. 아무리 의로운 리더라도, 팔로워가 없으면 외로운 독불장군에 불과할지 모른다. 맨처음 주창한 리더에게 모든 칭송이 돌아가지만, 잊지 말아야 할 것이 있다. 외로운 독불장군을 진정한 리더로 만들어낸 것은 두 번째, 세 번째 동조자, 즉 초기의 팔로워들이었다. 기꺼이 리더를 따를 수 있는 용기가 굿 팔로워십이다.

카네기 멜론 대학교의 로버트 켈리Robert Kelly 교수는 좋은 팔로워십을 발휘하는 직원들에게는 독립적·비판적인 사고와 적극성이 동반된다고 보았다. 두 가지를 모두 갖춘 팔로워는 리더에게 자원이되고 성과를 내는 모범형 팔로워다. 그런 반면에 비판적 사고는 발달했는데 적극적으로 일하지 않으면 소외형 팔로워, 적극적으로 일만 하지 독립적 사고가 부족하면 순응형 팔로워, 둘 다 부족하면 수동형 팔로워다.

가만히 생각해보자. 나와 우리 조직의 팔로워들은 어떤 유형에 속하는가?

서로 다른 고도에 서 있는 리더와 팔로워

내가 좋은 팔로워가 되려면 먼저 상사의 관점을 알 수 있어야 한다. 상사와 부하는 기본적으로 시각이 다르다. 상사가 인간적으로 더 훌륭하다는 뜻이 아니라, 서 있는 지점이 다르기 때문에 시각도 다르다는 뜻이다. 등산에 비유하자면 부하가 고도 500미터 지점에서 정상을 향해 올라가는 상황이라면, 상사는 고도 1,000미터에 서서 바라보고 있는 것과 같다.

코칭하다 보면 종종 상사에 대해 불만이 매우 큰 사람들을 만난다. 상사가 말을 잘 바꾸고, 말도 안 되는 일을 던져준다거나 해서 이해가 안 된다는 식으로 고개를 절래절래 흔든다. 그럴 때 한마디 해준다. 부하 입장에서 상사를 판단하는 것은 거의 틀릴 가능성이 90퍼센트라고. 부하의 기준은 상사의 기준과 다르다. 고도가 낮은 곳에서, 시야가 좁고 당장의 현안에 포커스를 두고 있는 부하가 상사의 당면한 수많은 고려 요소와 처한 현실을 알기란 매우 어렵다.

그런 상황에서 자기 시각대로 판단하기 때문에 오류 가능성이 큰 것이다. 그래서 상사를 자기 시각대로 해석하고 판단하기 전에, 먼저 그의 관점을 이해하는 게 먼저다.

조직의 꼭대기에 있는 전문 경영인과 오너의 시각에도 이런 차이가 있다.

전문 경영인은 단기성과, 정확히 자신의 재임 기간에 성과 내는 걸 중시하는 경향이 있다. 훌륭한 경영자로 입증되는 것과 평판이 중요하며, 약속을 지키려고 노력한다. 회사를 위해 사심 없이 일하는 훌륭한 전문 경영인들도 오너와의 관계에서는 각자의 시각을 가지고 바라볼 수밖에 없다. 본인이 성과를 많이 내었으니 아주 큰 보상이나 보장이 있을 것으로 생각한다. 하지만 오너의 입장에서는 그 경영자라야만 된다는 생각을 하기보다는 늘 대안이 있다고 보는 편이 맞을 것이다.

오너에게 관심사란 '기업의 지속적인 번영'이라는 오직 하나뿐이다. 나머지는 다 부차적이라고 해도 과언이 아니다. 유능한 전문 경영인을 두는 게 물론 중요하긴 하지만, 극단적으로 말하자면 기업의 지속적인 번영이라는 본질적 과제 앞에서는 그 시기에 누가 경영에서 성과를 더 냈느냐 하는 문제조차도 상대적으로 큰 관심사가 아니라고 할 수 있다. 이처럼 조직 구성원들은 각자의 지위에 따라 완전히 고도가 다른 곳에서 사고하는 것이다.

부하들은 상사가 말이나 방침을 쉽게 바꾼다든지, 공적을 인정해주지 않으면 인간적으로 상처를 받는 경우가 많다. 같은 상황에서 상사에게는 실상 상대를 낮게 평가하거나 모욕감을 주려는 등의 의도가 전혀 없는 경우가 많다. 단지 자신의 시각에서 중요한 것만 보다 보니 나오는 자기중심적 행동일 뿐이다. 그러나 이런 자기중심적 행동이 마냥 옳다는 뜻은 아니다.

구성원들로 하여금 기꺼이 나를 믿고 따르는 리더십을 펼치고자 한다면, 자신과 부하 직원과의 고도 차이를 항상 명심하고 있어야 한다. 섣불리 말과 방침을 바꾸기 전에 부하 직원의 업무 현황과 그의 마음을 살피려는 노력이 필요하다.

굿 팔로워의 공통점
좋은 부하의 조건

굿 팔로워들, 즉 리더에게 자원이 되고 성과를 내는 직원들은 조직에 새로운 아이디어를 더해주는 한편 결정된 것은 적극적으로 따라주면서 신뢰를 얻을 것이다. 그렇다면 어떻게 굿 팔로워들을 한눈에 알아볼 수 있을까? 굿 팔로워들이 공통적으로 가진 덕목은 아래와 같다.

- 리더와의 시각 차이를 인정한다

  자기 주관대로 리더를 평가하거나 해석하지 않는다.
- 현실적인 시각에서 리더를 바라볼 줄 안다

  굿 팔로워들은 이상적인 리더상을 그려놓고 그에 맞지 않으면 비판하기보다, 현실적인 시각에서 리더를 바라볼 줄 아는 직원들이다.
- 리더에게 기꺼이 자원이 되어준다

  리더의 성공을 돕기 위해 자신이 가진 역량을 다하려 노력한다.

이제 로버트 켈리 교수의 팔로워 유형 분류와 함께 팔로워 유형별로 조직이 해야 할 일을 살펴보자. 모든 유형에 공통적으로 해당되는 것은 팔로워십을 중요성을 인식시키고, 팔로워십 교육을 강화해야 한다는 것이다.

〈팔로워의 유형〉

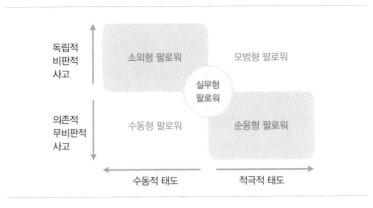

독립적
비판적
사고

소외형 팔로워

모범형 팔로워

실무형
팔로워

의존적
무비판적
사고

수동형 팔로워

순응형 팔로워

수동적 태도   적극적 태도

❶ 소외형 팔로워 : 비판과 불평만 하는 부하들

비판과 불평만 하는 소외형 팔로워들은 인정을 통해 긍정적 인식의 전환 계기를 만들어라. 그들은 조직이 불공정하고 자기 의견을 제대로 대우하지 않는다고 생각한다. 사고능력을 갖춘 이들의 잠재력을 이끌어내는 것이 조직의 큰 기회임을 인식하라.

❷ 순응형 팔로워 : 시키는 것만 하는 부하들

시키는 대로 따르기만 하는 순응형 팔로워에게는 의견 대립에 대한 두려움에서 벗어나도록 격려하라. 작은 일이라도 스스로 알아서 처리하도록 위임하면서 적극 인정하라. 이들에게는 차분히 가르치는 교사 같은 역할의 리더가 필요하다. 대화할 때나 업무 지시를 할 때 편안하게 논의할 수 있는 분위기를 만들고 계속 격려해줘야 한다.

❸ 실무형 팔로워 : 이도 저도 아닌 대다수의 부하들

조직의 대다수를 차지하는 실무형들에게는 주인 의식을 고취시키는 노력이 필요하다. 이를 위해 업무를 위임하여 책임감을 갖게 하고, 타인의 성공을 지원하는 역할을 맡기는 것이 필요하다. 특히 상사와 부하 사이에서 전달하는 메신저 역할만 하면서 가치를 부가하지 못하는 실무형들에게는 도전 과제를 주는 것이 좋다.

리더의 결정을 따르는 용기도 필요함을 강조하는 조직 문화를 만들라. 조직 문화는 구호나 표방하는 것으로 충분치 않다. 팔로워십에 대한 좋은 사례를 스토리로 전파하는 것도 좋은 방법이다.

05

조직 내부의 공기를
자연스레 읽어라

상사들 중에는 이런 유형이 적지 않다.

'매우 똑똑하지만 경청과 공감 능력이 떨어지는 사람.'

이런 상사의 문제점은 부하 직원들이 다른 견해를 그 앞에서 말하기 꺼린다는 데 있다. 그 결과 늘 상사의 눈치를 보고 상사의 생각대로만 움직이려 한다. 괜히 맞지 않은 생각을 피력했다가 깨지는 것보다는 그게 안전한 길이기 때문이다. 절대 먼저 가서 의논하지 않는다. 보고도 꼭 해야 할 때만 한다. 심지어 좋지 않은 소식을 숨기고 있다가 도저히 어쩔 수 없는 지경이 되어서야 보고해서 상사를 당황시키기도 한다. 뭐든 전하고, 말하기를 꺼리는 것이다. 리더의 입장에서는 이해가 되지 않겠지만, **그들은 똑똑하기만 한 상**

사 앞에서 토론하기를 주저하며, 나쁜 소식은 되도록 숨길 수 있을 때까지 숨긴다. 직원들을 인터뷰해보면 상사가 아주 똑똑하다고 인정하지만 그를 위해서 충성을 바칠 마음은 별로 없다. 마음을 사지 못한 결과다. 어떤 날카로운 젊은 직원은 이렇게 말했다.

"가끔 상사가 열을 내면서 말할 때, 결국은 논리적으로 우리를 제압해서 자신의 똑똑함을 과시하기 위한 게 아닌가 하는 생각도 들어요."

정서지능이 높다는 건, 배려심만 있고 모든 일을 다 참는다는 뜻이 아니다. 또한 감성적이라는 뜻 또한 아니다. 여기서 감성 리더십은 '이래도 좋고, 저래도 좋다.'는 식의 유약한 리더십을 말하는 게 아니다. 감성 리더십이란 리더가 스스로에 대한 자아 인식 수준이 높고, 일에 대한 성취동기가 높으며, 목적을 위해 자신의 충동을 조절할 수 있고, 타인이 느낄 감정을 이해하고 그에 맞게 대응할 줄 알며, 사람들과 관계를 잘 형성하고 설득력이 높은 것을 말한다.

심리학자 대니얼 골먼Daniel Goleman은 성공적인 리더와 그렇지 못한 리더 간의 차이는 기술적 능력이나 지능지수IQ보다 감성지능EI에 의해 크게 좌우된다는 연구 결과를 발표한 바 있다. 약 80퍼센트 정도의 감성지능과 20퍼센트 정도의 지적 능력이 적절히 조화를 이룰 때, 리더는 효과적으로 리더십을 발휘할 수 있다는 것이다.

이미 몇몇 기업들은 감성지능을 인적 자원 관리를 위한 다양한 제도와 역량 평가 도구, 리더십 교육 훈련에 적극 활용하고 있다. 예컨대 사우스웨스트 항공사가 승진 심사 시 '유머 감각'과 같은 태도 요인을 집요하게 심사하는 것도 감성지능에 대한 중요성을 나타내주는 사례로 볼 수 있다. 또한 시스코사는 혁신 문화에 적합한 인재 유치를 위해 전문 지식이나 직무 스킬 등 하드 스킬보다는 대인 관계, 팀워크 등 태도 및 행동과 관련된 소프트 스킬을 채용 시 80퍼센트나 반영하고 있다. GE나 3M 등도 리더십 역량 평가 항목으로 성실성이나 도덕성과 같은 감성지능 관련 지표를 주요한 평가 기준으로 삼고 있다.

감성지능이 높은 리더는 어떤 사람일까? 솔직하고 자신을 낮추는 유머 감각이 있다. 상황이 어렵다고 해서 자기의 불안함을 투사해서 가혹하게 굴거나 남 탓하지 않는다. 오히려 직원들이 불안할 것을 고려해 성숙하게 대응한다. 직원들의 감정을 존중하기 때문에 자기들이 괜찮은 사람인 것처럼 느끼게 해준다. 당연히 이런 리더의 곁에는 좋은 직원들이 오래 머물 수밖에 없다.

10여 년 전에 처음 집단상담 훈련에 참여했을 때다. 참 흥미로운 방식의 훈련이었다. 특별한 주제도, 매뉴얼도, 진행 순서도 없었다. 며칠 동안 참가자들이 둥글게 모여 앉아 자신의 느낌을 표현하는 게 다였다. 밥 먹는 시간을 제외하고 3박 4일 동안 아침부터 밤 늦게까지 이것만 했다.

"아무도 말을 하지 않으니 답답하네요."

한 사람이 입을 뗐다. 답답하다는 자기감정을 말한 것이다.

"어색해서 이 자리를 빨리 벗어나고 싶어요."라고 누군가 얘기하고, "불편하시군요."라며 그 감정을 누군가 받아준다. 처음엔 나도 꿔다 놓은 보릿자루처럼 가만히 있었다. 쑥스럽기도 했지만 뭘 말해야 할지 몰랐다. 감정이 아닌 이성으로 해석하고 판단했기 때문에 할 말이 없었던 거다. 그 자리를 가장 편하게 받아들였던 사람은 심각하지 않고 유머 감각을 가진 사람, 즉 '감성지능'이 높은 이들이었다. 그렇다면 어떻게 감성지능을 높일 수 있을까?

어떻게 감성지능을 높일 것인가

〈하버드 비즈니스 리뷰〉에 감성지능에 관한 논문 〈무엇이 리더를 만드는가What makes a leader?〉를 쓴 대니얼 골먼은 논문에서, 공감과 경청 능력이 낮았던 한 임원이 어떻게 감성지능을 높이는 노력을 했는지 흥미로운 사례를 들려준다.

그의 리더십 코치는 임원에게 그 나라 언어를 이해하지 못하는 외국에서 일주일 휴가를 보내게 했다. 언어 능력은 대표적인 지능지수 영역의 능력이다. 늘 말을 지배적으로 하던 사람이 말이 통하지 않는 곳에서 언어를 쓸 수 없게 되면서, 타인의 표정과 보디랭귀지에 귀를 기울이고 그에게 맞춰보는 연습을 하고 개방적으로 받아들이는 연습을 한 것이다.

겸손해져서 돌아온 그는 코치에게 일주일에 서너 번 정도 업무 현장을 방문하여 자신이 다른 관점을 가진 사람들에게 어떤 태도를 취하는지를 관찰하고 피드백 해달라고 요청했다. 또한 회의 장면을 비디오로 찍어서 코치와 함께 리뷰했다. 이런 작업에는 몇 달이 걸렸지만, 결과적으로 그의 감성지능은 크게 높아졌고 이는 전반적인 업무 성과에도 크게 긍정적인 영향을 미쳤다고 한다. 고위직으로 갈수록 리더의 태도가 조직 분위기에 미치는 영향이 커지고 그만큼 감성지능이 중요해지기 때문이다.

골먼에 따르면 경력 초반에는 실무역량이 가장 중요하고, 이후 경력 중반까지는 그에 더해 지적 능력, 즉 분석과 문제해결 능력 등이 중요해진다. 그걸 지나 경력의 정점에 달하는 임원이 되면 감성지능이 더 중요해진다. 특히 임원 레벨에서 보통의 성과자와 스타급 고성과자의 차이는 감성지능에서 비롯된다고 한다.

따라서 차원이 다른 성과를 내고 싶은 리더일수록, 감성지능을 높이는 데 좀 더 커다란 관심을 기울일 필요가 있다.

사람들을
움직여야 한다

어떻게 영향력을
높일 것인가

성공한 기업 회장에서 슈퍼마켓 말단 직원에 이르기까지 누구나 원하는 것이 있다. '일을 잘한다는 칭찬과 더불어 그들의 노력을 알아주는 것'이다. 진심에서 우러나는 인정만큼 긍정적인 변화를 불러일으키는 것도 없다. 사람은 누구나 '잘할 수 있는 완전한 사람'으로 대접받을 때, 저 마음 밑바닥에 있는 자율이라는 모터를 작동하는 법이다.

06

'온기'가 없으면
뛰어난 사령관이
될 수 없다

내가 만난 어느 팀장은 자기 사람을 확실히 챙기는 스타일이다. 일단 자기 사람이다 싶으면 자주 대화하고 중요한 업무를 맡기며, 인사철에는 은근히 힘을 쓰기도 한다. 휘하 직원들은 이 팀장에게 충성을 다하고, 밖에서 봐도 팀의 단합도가 높다. 업무 성과도 잘 나오는 것 같고 직원들 또한 팀장이 관여한 프로젝트는 목숨 걸고 하기 때문에 리더십이 있어 보인다. 그뿐 아니다. 서로 경조사 등 개인적인 일을 빠짐없이 챙기며 상호 부조가 확실해서 조직력이 무엇인지 보여준다.

그런 반면 이 팀장은 마음에 들지 않는 직원에게는 정반대로 대한다. 경력 사원이 와도 이런저런 시험기를 거쳐 자기 사람이 아니다 싶으면 확실히 아웃시킨다. 이렇게 그룹에서 제외되면 조직 생활이 팍팍해진다. 공식적으로 차별이 있는 것은 아니지만, 눈에 보이지 않는 그들만의 리그에 들어가지 못하면 중요한 정보에서 소외되고 승진 등 성장 기회는 멀어진다. 그러니 직원들이 그의 눈치를 슬슬 보면서 줄을 선다.

한편으로 이 팀장은 상사에게는 견마지로犬馬之勞를 다한다. 임원의 사적인 애로사항도 잘 해결해낸다. 자녀 유학에 필요한 서류 처리, 부인이 쓸 PC 구매 설치 등도 슬쩍 힌트만 주었는데도, 이 팀장이 팀원들을 동원해서 처리한다. 입맛에 맞게 일 처리를 해내며, 직원들에게도 영향력이 있는 그를 상사도 무시하지 못한다.

이러한 팀장의 리더십이 전형적인 '거래적 리더십transactional leadership'이다. 거래적 리더십이란 본질적으로 리더십도 '기브 앤 테이크'가 분명한 '거래'로 본다. 보스에게 충성을 바치면 조직원의 뒤를 확실히 봐주는 거래의 기본 룰은 조폭 조직에만 있는 게 아니다. 정치계에서도 쉽게 볼 수 있다. 선거 후보자들이 지역개발 같은 공약을 내걸고 표를 얻는 행위는 어떤가? 이익을 가져다주겠다는 약속에 주민들이 표를 준다면 일종의 거래를 하는 것이다. 국회의원들이 볼썽사나운 몸싸움을 벌이는 진짜 이유는 다음 공천을 좌우할 계파 보스에게 충성을 보이기 위해서가 아니라고 단정할 수 있을까? 그렇다면 이것도 거래적 리더십이다.

거래적 리더십에서는 리더와의 관계의 질에 따라 관계가 좋은 '인그룹In group'과 관계가 먼 '아웃그룹Out group'으로 나뉜다. 연구에 의하면 인그룹에 속한 구성원들이 업무 만족도와 업무 몰입도가 높을뿐더러 시키지 않은 일도 자발적으로 하는 조직 시민행동도 높다는 걸 보여준다. 이직률도 낮다. 그럼 인그룹이 되는 요인은 무엇일까? 지연, 학연 같은 인연, 고성과자, 공통된 가치관에 이르기까지 다양하다.

직원들이 나와 함께 함으로써 더 성장했는가

한 중역을 코칭할 때다. 일부 직원들이 다가오지 않고 마치 위성처럼 늘 빙빙 돌기만 하는 느낌이라고 했다. 그들을 어찌해야 할 지 해결책을 찾기 전에 먼저 그들은 왜 위성이 된 것일까를 살펴보기로 하고, 부하 직원들과 다면 인터뷰를 진행했다.

그 결과 이 중역은 사람에 대한 판단이 매우 빠르고 한번 내린 판단을 잘 바꾸지 않는다고 받아들여지고 있었다. 카리스마 넘치는 중역에게서 질책을 받은 팀장들은 '찍혔다.'라고 인식하고 사기가 저하되어 있었다.

이에 대해 해당 중역은 "내가 사람에 대한 호오가 분명하다 보니…." 라고 말끝을 흐렸다. 비록 의도한 바는 아니었을지라도 분명히 조직에는 중역에게 인정받은 그룹과 인정받지 못한 그룹으로 보이지 않는 금이 그어져 있었다. 위성으로 돌던 그 그룹이 바로 아웃그룹이었던 것이다.

그 이후 코칭에서는 이 직원들을 어찌해야 하는가에 대한 해결에 앞서서, **중역 본인은 '어떤 리더가 되길 원하는가?' '리더로서 사람들에게 어떤 영향을 미치고 싶은가?'를 먼저 깊이 토의하면서 리더십 스타일을 정립하기 시작했다. 그런 다음, 믿음이 가는 몇몇 직원들에게만 일을 몰아주는 행태가 일부 직원에게는 불만과 사기 저하를 가져오게 하고 있다는 것과, 그것이 관계에 미치는 영향, 조직에 미치는 영향을 객관화해 생각해보도록 했다.** 이때는 특히 중역 자신이 과거 한 시절에 완전히 아웃사이더로 밀려났을 때 느꼈던 마음과 자세를 생생하게 되살려보도록 하는 게 도움이 되었다.

한편으로는 아웃그룹 직원들을 포용하는 구체적인 방법을 찾아보았다. 물론 관계에서의 신뢰는 하루아침에 쌓이는 것도 아니고, 선언만으로 성립되는 것도 아니다. 하지만 진정성을 가지고 신뢰를 얻기 위해 노력하면 또 그렇게 오래 걸리지 않고도 얻을 수 있는 게 사람들의 마음이다. 이 중역은 본인에 대해 쏟아낸 직원들의 피드백을 직원들에게 공개하면서 스스로를 개방함으로써 직원들의 마음을 얻을 수 있었다.

거래적 리더십이 꼭 나쁜 것이라고는 할 수 없다. 기대 사항을 분명히 하고 동기부여를 시키는 데는 매우 유용하기도 하다. 다만 거래적 리더십은 교환이라는 관계 속성 때문에 일방이 목표 공유와 보상 연계를 포기해버리면 전혀 작동되지 않는다는 문제가 있다. 거래적 리더십의 한계를 지적하며 등장한 개념이 '변혁적 리더십transformational leadership'인데, 이는 구성원들의 의식을 한 차원 높게 끌어올려 그들을 변화시키는 리더십이다. 우리 역사에도 사람들의 의식을 크게 변화시킨 위대한 리더들이 있는데 이들이 변혁적 리더라 할 수 있다. 이들이 조직에서 사명과 목적을 중시하고 가치를 공유하려고 애쓴 이유는 조직원들과 이익을 주고받는 거래적 리더십에서 벗어나 변혁적 리더십을 추구했기 때문이다.

변혁적 리더란 따르는 자들로 하여금 소속감과 인정을 느끼며 조직 전체에 기여하는 고차원적인 의식을 불어넣는 사람이다. 내가 변혁적 리더인지 알고 싶은가? "사람들이 나와 함께 함으로써 더 나은 사람이 되었는가?" 이 질문에 답이 있다.

의식을 변화시킨다는 것은 무엇을 말할까? 한마디로 낮은 차원의 의식을 높은 차원의 의식으로 변화시킨다는 것이다. 심리학자 매슬로우Abraham H. Maslow의 욕구 단계의 틀을 빌려 설명하자면, 사람은 누구나 먹고 자고 생리적 욕구를 충족하고자 하는 생리적 욕구가 있고 그 위에 안전 욕구가 있다고 한다. 이런 생존과 안전에 대한 욕구를 저자원 욕구라고 한다. 그걸 넘어서 관계를 형성하여 사랑받고 사랑을 주고자 하는 '사랑과 소속의 욕구', 인정을 받고자 하는 '자존의 욕구', 더 나아가서 잠재력을 발휘하여 더 큰 대상, 예를 들어 사회나 민족에 기여하고자 하는 '자기실현의 욕구'가 있다.

변혁적 리더란 따르는 자, 즉 팔로워들로 하여금 먹고사는 것에만 관심을 두는 의식에서 한 발 더 나아가, 뭔가 소속감을 느끼고 인정받으며 전체에 기여하는 의미를 찾게 하는 고차원적인 의식과 가치를 불어넣는 사람이다. 예를 들어 병원에서 병실의 청결을 담당하는 직원이 자신의 업을 그저 먹고살기 위해 하는 노동이라고 보는 저차원 의식에서 고양되어, 팀 전체를 위해 일하고 결국 환자의 생명을 살리는 일에 동참하는 일이라는 사명을 깨닫고 자신의 일의 의미를 발견하게 할 수 있는 것이 변혁적 리더인 것이다. 사람의 잠재력을 이끌어내고 더 큰 존재로 서게 하는 리더라고 할 수 있다.

내가 변혁적 리더인지 알고 싶다면 간단한 질문을 스스로에게 해보면 된다.

"사람들이 나와 함께함으로써 더 나은 사람이 되었는가?"

여기에 "예."라고 대답할 수 있다면 그는 변혁적 리더이다.

어떤 리더십을 선택할 것인가?
거래적 리더십 vs 변혁적 리더십

거래적 리더십과 변혁적 리더십의 정도를 알아보는 설문 중 대표적인 문항들을 소개한다. 지면 한계상 완전한 설문이 아닌 일부 문항이지만, 스스로 체크하면서 가늠해볼 수 있을 것이다.

- 나는 거래적 리더일까?

① 나는 내 권한의 한계를 무시하고 부하 직원이 업무에서 겪는 문제를 해결하는 데 내 권한을 사용하려는 경향이 있다.

② 나는 부하 직원이 정말로 필요로 한다면 내 희생을 감수해서라도 그를 곤경에서 기꺼이 구해준다.

③ 나는 부하 직원의 문제와 요구를 이해한다고 생각한다.

④ 나는 부하 직원의 잠재력을 안다고 생각한다.

⑤ 나는 부하 직원이 그렇게 해달라고 하지 않더라도 그의 결정을 옹호하고 정당화할 만큼 부하 직원에 대해 확신을 가지고 있다.

⑥ 나는 부하 직원이 나와 함께 어디에 서 있는지 알도록 한다.

- 나는 변혁적 리더일까?

① 나는 우리가 무엇을 할 수 있고 또 무엇을 해야 하는지를 몇 마디 짧은 말로 명확하게 표현한다.

② 나는 다른 사람들이 낡은 문제들을 새로운 방식으로 생각할 수 있도록

이끌 수 있다.

③ 나는 다른 사람들이 스스로 능력을 개발해가도록 돕는다.

④ 다른 사람들은 나를 완전히 신뢰하고 있다.

⑤ 다른 사람들은 나와 함께 하는 것을 자랑스럽게 생각한다.

⑥ 나는 다른 사람들이 자신의 일에서 의미를 찾도록 돕는다.

⑧ 나는 다른 사람들로 하여금 자신이 이전에 전혀 의문을 갖지 않았던 일들에 대해 다시금 생각하도록 만든다.

⑨ 나는 소외당하고 있는 듯한 사람들에게 개인적인 관심을 보인다.

⑩ 나는 다른 사람들에게 꼭 필요한 것만 요구한다.

출처 : 《리더십 리뷰》, 백기복, 창민사

07

진심이 '통(通)'하고 있는가?

언젠가 프랑스의 대입 시험인 바칼로레아 시험에 이런 문제가 출제되었다고 한다.

"한 사람이 천 명을 이끌 수 있는 방법은 무엇인가?"

답은 무엇일까? '리더십'이다. 리더십의 본질을 한 문장으로 압축한 말이다. 한 사람이 천 명을 이끌려면 소통이 핵심이다. 그래서 리더들에게는 주의 깊게 경청하며, 필요한 메시지를 명확하게 전달하는 능력이 매우 중요하다. 지금까지 리더십을 점검하는 진단지 수백 종을 봐왔지만, 구성원과의 커뮤니케이션 역량을 점검하지 않은 진단지는 본 적이 없다. 그만큼 '소통력'은 리더십의 핵심이라 할 수 있다.

어떻게 말하고, 듣고, 나눌 것인가

그동안 리더들의 고민을 상담해온 경험을 통해, 리더들 특히 열심히 일하는 리더들의 효과적인 커뮤니케이션에 방해가 되는 무의식적인 가정 몇 가지를 발견했다.

가정 ❶ 일만 잘하면 될 것이다

'회사는 대화가 모든 것Corporation is all about conversation'이라는 말이 있다. 회의도, 보고도, 조정도 모두 대화로 이루어진다. 일만 열심히 잘하면 될 것이다, 혹은 결과로 보여주면 되지 않나, 하는 생각에서 일에 매달리느라고 커뮤니케이션을 소홀히 한다면 일은 더 힘이 들고 결과에 대한 의미도 감소된다. 결국 조직 전체의 잠재력은 발휘되지 못하게 된다.

꼭 필요한 말만 하고, 보고해야 할 때만 보고하는 식의 방어적이고 소극적인 커뮤니케이션으로는 충분하지 않다.

업무 현장을 찾아 코칭을 하다 보면 상사와의 공유 수준이 낮은 사람들이 있다. 충분히 일의 과정을 공유하지 않는 이유가 무엇일까? 대부분의 경우, 상사를 지나치게 어려워하여 무의식적으로 회피거나 보고를 포기하는 사례가 많다.

이런 경우에는 이렇게 질문을 던진다.

"만약 당신이 상사라면, 묵묵히 있다가 결과만 가져오는 직원과 일의 과정에서 어려운 점과 잘된 점 등을 공유하는 직원 중에 누구의 일에 더 관심과 애정이 가겠는가?"

"어느 경우에 상사로서 자기 일처럼 느끼겠는가?"

이 질문에 대부분 본인이 상사라면 공유 수준이 높길 바라고, 너무 어려워하지만 말고 캐주얼한 방식으로라도 자주 보고하고 공유해주길 바란다고 한다. 그렇다. 상사를 어려워하는 것도 자기중심적인 시각이다. 상사 입장에서 생각해보라.

가정 ❷ 보고는 비생산적인 일이다

특정 분야의 전문성이 높은 임원들이 상사와의 논의를 경시하는 면이 있다. 무의식적으로 상사가 업무에 대해 잘 모른다고 생각하기 때문에 상의해도 가치를 더해줄 것이 별로 없다고 생각하는 탓이다. 그러다 보니 상사에게 보고하거나 공유하는 일은 바쁜 상황에서 뭔가 비생산적인 일이라는 가정을 하게 된다. 당연히 꼭 해야 하는 보고 외엔 하지 않는다.

하지만 이는 정말 조직을 모르는 오만한 시각이다. 혼자 일하는 곳이 아니기 때문이다. 그래서 늘 상사와 이해를 공유하도록 노력하고, 본인이 접한 정보를 동료나 팀과 공유하여야 한다. 결과적으로 그들이 정보를 공유하지 못해서 일어나는 업무 수준의 저하는 리더의 책임이기도 하다.

가정 ❸ 먼저 접근하는 것은 아부고 정치적인 행동이다

어느 임원은 상사와의 커뮤니케이션의 중요성을 그렇게까지 절감하지 못했다. 그래서 공식적 채널에만 의존한 것이 문제였다. 회의 시간에는 상사의 일방적인 말만 들을 뿐, 토의 기회가 없었다. 상사가 바빠서 비서를 통해 개별 보고 시간을 잡기도 어려웠다. 코칭 시간에 이와 관련된 이슈가 나오자 임원은 조용히 있다가 이렇게 말했다.

"솔직히 상사가 부르지 않아도 찾아가서 말씀드리고 더 친밀하게 접근하고 이런 게 불편합니다. 왠지 아부하는 것 같고요. 아무리 상사와 부하라도 어차피 일하기 위해 만난 계약 관계인데 그렇게까지 제가 나서야 하나 하는 생각이 들고요."

코치로서 혹시 더 불편하게 만드는 생각이 없는지 물어보았다.

"제 성격이 내성적인 것도 이유가 되겠네요. 제 스스로가 나서기보다는 조용히 있는 걸 편해하는 것 같습니다. 상사 앞에서 말도 잘하고 분위기 주도하는 동료를 보면 나와는 참 다르구나, 하는 생각이 듭니다."

이런 태도가 일종의 안전지대라고 느껴졌다. 사람들은 누구나 자신이 익숙하고 편한 행동방식이 있다. 그것이 안전지대이다. 때로는 편한 행동방식에서 벗어나 자신을 볼 때 잠재력이 발휘되는 것인데, 이를 위해서는 상당한 에너지가 필요하기에 결국 안전지대에 매몰되기 쉽다. 나는 이렇게 피드백을 했다.

"자신의 성격까지 바꿀 필요는 없고, 또 성격은 바뀌지도 않습니다. 다만 자신의 성격과 스타일에 맞게 상사에게 먼저 다가갈 방법을 찾는 것이 필요합니다. 이건 현재의 상사 관계에서만이 아니라, 본인의 자기 계발을 위해서도 꼭 필요한 작업입니다."

다행히도 그 임원은 숙고를 하고 뭔가 변화된 행동을 시도해보려고 용기를 냈다. 특히 적극적인 커뮤니케이션 시도가 내 성격에 반하여 뭔가 가짜 행동을 하는 것이 아니라는 생각, 아부가 아니라 팀을 위해 필요한 역할이라는 걸 깨달으면서 변화한 것 같았다.

해당 임원은 상사와의 비공식적인 커뮤니케이션을 좀 더 자주 실행했다. 문자와 SNS 등 캐주얼한 방식으로 상사에게 수시로 잘 되고 있는 것과 잘 안 되는 것, 우려 사항 등을 알렸다. 과거에는 없던 행동이었다. 그런데 놀라운 일이 벌어졌다. 상사가 예상했던 것보다 더 자주 문자 메시지로 답장을 해준 것이다.

과거에는 특별히 약속이 되어 있는 상황이 아니고서는 말을 걸기를 어려워했고, 심지어 어색하고 어려운 상황을 일부러 살짝 피했었다. 하지만 먼저 다가가고 공유 수준을 높이는 게 자연스러워지고 나서는 관계에 대한 태도도 달라졌다. 좀 미묘하고 사소한 것이기는 하지만, 임원 식당에서 상사가 식사하고 있는 모습을 발견하면 주저 없이 다가가서 대화를 하게 되었다. 외부 일정에 동행하게 되면 오가는 시간에 적극적으로 대화를 했다. 예전 같으면 전시 구성원들로부터 신뢰를 얻고 소통을 원활하게 하는 데도 '진정성'이 핵심이다. 진정성이란 누구인 척, 가면을 쓰지 않는다는 뜻이다. 완벽한 척하는 게 아닌 있는 그대로의 자신을 구성원에게 드러내는 '용기'가 필요하다.

회 시찰 시에 1미터쯤 떨어져서 수행했는데, 이제는 밀착 수행하면서 자주 의견을 주고받게 되었다.

결과는 어떻게 달라졌을까? 상호 이해 수준이 높아지니 업무 의사결정을 예전보다 쉽고 빠르게 받을 수 있었다. 그리고 이는 임원의 성과에 즉각적으로 긍정적 영향을 미쳤다. 적극적으로 커뮤니케이션하려는 자세는 상사와 구성원의 일 대 일 관계에서뿐만 아니라 조직을 상대로 한 관계 전반에서 필요하다.

전체 회의에서는 능동적으로 토론에 참여하고 전체 이슈에 주도적으로 임해야 한다. 특히 승진한 경우에는 지나치게 위축되거나, 시야가 자신의 영역으로 한정되어 있어서는 안 된다. 그래 가지고는 "저 친구 똑똑한 줄 알았는데…?"라는 실망의 목소리를 듣기 쉽다. 자기 부서만이 아니라 전체 경영진의 일원으로서 토론에 참여하고 가치를 더하고자 노력해야 한다.

새로운 포지션에서는 또한 획일적인 커뮤니케이션이 아니라, 상대에 따라 맞춤형 커뮤니케이션을 해야 한다. 내부 관계에서만이 아니다. 협력업체와 고객사, 대관 업무 등 새로운 역할에는 새로운 파트너들이 따라오기 때문에 이들과 친밀하게 존중하는 커뮤니케이션을 할 줄 알아야 한다.

다양한 목소리를 경청하고 기다려라

오늘날 조직이 직면한 도전들, 특히 정치적 과제들은 개인의 탁월한 아이디어나 권한만으로는 일거에 해결하기가 어려운 것들이다. 하버드 대학교의 로널드 A. 하이페츠Ronald A. Heifetz 교수는 조직의 과제들을 '기술적 과제'와 '적응적 과제'로 구분했다.

기술적 과제는 문제가 분명하게 정의되고 해법도 나와 있는 이슈들, 즉 누가 봐도 정답이 있는 문제들이다. 그런 반면에 문제를 정의하는 것 자체가 어렵고 해결을 위해서는 구성원의 가치관이나 의식 변화가 수반되어야 하는 이슈들이 있는데, 이것이 적응적 과제이다.

예를 들어 고속도로를 놓는 일이 기술적 과제라면, 선거권 연령 낮추기는 적응적 과제이다. 왜냐하면 정답이 정해진 것이 아니라 사람들의 인식의 변화가 있을 때 효과적인 과제 수행을 할 수 있기 때문이다.

적응적 과제를 해결하기 위해서는 토론이나 학습 과정을 통해 사람들이 상황 인식을 공유하고, 서로의 시각에 대한 공감대를 형성해야 한다. 그렇기 때문에 적응적 과제의 최종 해결책을 도출하기까지는 시간을 들여 논의하는 자율적인 환경이 필요하다. 환경 문제, 복지 문제, 경제 민주화 문제 등은 모두 국민의 가치관과 사고방식, 그리고 이해 당사자들의 관점이 복합적으로 작용하는 전형적인 적응적 과제들이다.

적응적 과제는 어느 리더 한 명이 팔을 걷어붙이고 직접 해결하려 한다고 해서 답을 낼 수 있는 것이 아니다. 설령 해결해달라는 압력이 크다 하더라도, 리더는 다양한 목소리가 터져 나오도록 환경을 조성하고 자신은 뒤로 물러설 수 있는 용기가 필요하다.

케네디 사망 이후 미국을 이끈 존슨Lyndon B. Johnson 대통령은 흑인 공민권 부여 과정에서 그런 리더십을 유감없이 보여주었다. 그는 공민권 부여에 대한 신념이 강했지만, 시기상조라는 세력을 설득하는 것이 당면한 과제였다. 평등한 공민권의 개념이 익숙하지 않은 국민들을 좀 더 설득하기 위해서는 전국적인 이슈로 의제가 성숙되어야 한다고 생각했다.

마틴 루터 킹Martin Luther King 목사 등 흑인 인권 운동가들이 이끄는 시위가 격화되자 그는 그들에게 워싱턴에 와서 상원을 설득하도록 요청하는 한편, 폭력 사태가 일어났을 때도 일방적으로 연방정부군을 투입하기보다는 공화당 주지사가 먼저 요청할 때까지 유보하고 기다렸다. 또한 언론이 이 사태를 대대적으로 보도하게 둠으로써 전국적인 이슈로 성숙시켰다. 영웅적인 자세가 아니라, 이해 당사자들과 소통을 하면서 국민들이 새로운 의식과 관점을 학습하도록 이끎으로써 적응적 과제를 훌륭히 다룬 것이다.

답은 '진정성'에 있다

어떻게 하면 구성원과 그리고 고객과 마음으로 소통할 수 있을까?

핵심은 진정성authenticity이다.

"우리는 2위에 불과합니다. 그래서 더 열심히 노력합니다."

렌터카 업계의 만년 2위였던 에이비스AVIS는 광고 역사상 가장 기억할 만한 카피를 내세웠다. 처음에 경영진은 이 카피를 거세게 반대했다고 한다. 자기들이 2위라고 떠벌이는 광고를 누가 하고 싶겠는가? 게다가 1위 업체보다 카운터 대기 줄이 짧다고까지 광고했으니… 하지만 이 광고는 예상치 못한 방식으로 솔직했고 사람들에게 깊은 인상을 남겼다. 그 결과 에이비스는 광고를 집행한 지 불과 1년 만에 흑자로 전환했고 시장 점유율이 3배 이상 증가했다.

진실을 말하는 건 어렵다. 진실은 때로 추하고 불편하며, 상처를 줄 수 있기 때문이다. 하지만 '어렵기' 때문에 그만큼 가치가 있다.

"지금은 화려한 방송인의 모습이지만, 사실 저는 미혼모의 딸로 태어나 어릴 적부터 주변인들에게 성적 학대를 당했고 결국 저 또한 미혼의 몸으로 아기를 낳은 적이 있습니다."

"음, 이 피자, 노우에서는 골판지 맛이 나고, 토마토소스는 케첩 같은데요?"

오프라 윈프리가 수치스러운 과거를 방송에서 고백하는 데도, 도미노 피자가 피자 맛이 골판지 맛 같다고 말하는 고객의 목소리를 그대로 광고에 내보내는 데도 상당한 용기가 필요했다. 그 결과 용기에 값하는 결과를 얻었다. 오프라 윈프리는 토크쇼의 여왕에서 미국인의 정신적 평안을 이끄는 '영적 구루guru'로 거듭났고, 도미노 피자는 광고 이후 순이익이 10.6퍼센트 증가했다. 숨기고 싶은 치부를 스스로 인정하고, 어떻게 극복할 것인지와 어떻게 극복했는지의 모든 과정을 진정성 있게 보여준 것이 사람들에게 긍정적으로 인식되었던 것이다.

구성원들로부터 신뢰를 얻고 소통을 원활하게 하는 데도 진정성이 핵심이다. 진정성이란 무엇일까? 먼저 스스로에게 솔직하고 타인에게 정직하게 대하는 것이다. 누구인 척, 가면을 쓰지 않는다는 뜻이다. 인기 있는 인물을 흉내 내는 것이나, 완벽한 척하는 게 아닌 있는 그대로의 자신을 관계에 표현할 수 있어야 한다. 거기엔 용기가 필요하다. 상대방에 맞추기 위해 눈치를 보며 자기 의견을 숨기거나, 상대가 기분 나빠할까 봐 진실이 아닌 행동을 해선 안 되는 것이다.

구성원들을 대할 때도 자신이 누구인지, 어떤 가치관을 가진 사람인지, 어떻게 살아왔고 무엇을 중시하는지 등을 공유하면서 자신을 오픈할 수 있어야 한다. 완벽한 사람은 없는 법, 구성원들은 설령 리더가 자신의 취약성을 공유하면 오히려 인간적인 유대감을 더 느낀다고 한다.

불편한 진실도 용기 있게 말해줘야 한다. 구성원들도 우리가 불완전

하다는 걸 알고 있으며, 그렇기에 '좋은 게 좋다.'는 식의 포장으로 갈등을 가리는 리더들을 마음속으로는 썩 존경하지 않는다.

그렇다고 해서 '내 맘대로' 일방적으로 표출하는 것을 진정성으로 착각해선 안 된다.

상대가 잘 받아들이게 하려면 '긍정 언어'를 활용하는 것이 효과적이다. 긍정 언어란 예를 들면, "지금까지 네가 한 게 뭐가 있어?" 식의 부정적 추궁이 아닌, "어떻게 하면 이 일을 좀 더 빨리 진행시킬 수 있을까?" 하는 긍정적 동의를 구하는 식의 언어 사용이다. 긍정 언어에 관해서는 다음 꼭지에서 좀 더 자세하게 설명하도록 하겠다. 기억하자. 직원들이 리더의 말을 받아들이지 않거나 반감을 갖는 이유는 리더가 말하는 내용what 때문이 아니라 말하는 방식how 때문이다.

의사가 의료 과실로 소송을 당할 가능성은 얼마나 부적당한 치료를 했느냐가 아니라, 환자와의 소통에 달려 있다고 한다. 환자가 소송을 제기하기로 마음먹는 건 의료 피해 후 의사들이 냉담하게 대응하고 소통이 잘되지 않기 때문이다. 소송을 당한 적이 없는 의사는 그렇지 않은 의사보다 더 잘 웃고, 더 적극적으로 환자의 말을 경청한다고 한다.

상대가 무례하고 불친절하다는 설 즉각 느낄 수 있는 것처럼, 진정성과 존중을 나타내는 데도 그다지 많은 시간이 필요한 것은 아니다. 사람과 소통하는 데 바쁘다는 핑계를 대지 말아야 한다. 상대의 직위 여하를 막론하고 상대를 마주한 순간순간마다 진심을 다해 대하도록 노력하라.

"한 사람의 마음이 곧 천하의 마음이다夫一人之心卽天下之心."라는 이기李沂 선생의 말처럼 사람의 마음은 결코 돈으로 살 수 없고, 사람의 마음을 얻은 사람은 천하를 얻은 것이나 마찬가지니 말이다.

08

최선을 다해 지지하라, 다만 강하게 육성하라

"인적자원이 가장 중요한 미래의 지식기반 경제에서 경영자의 가장 중요한 역할은 인적자원의 개발, 즉 '임파워먼트Empowerment'이다. 경영자는 한 손에는 물뿌리개를, 다른 한 손에는 비료를 들고 꽃밭에서 꽃을 가꾸는 사람과 같다."

GE를 이끌었던 잭 웰치는 인재육성과 임파워먼트의 중요성을 이렇게 강조했다. 여기서 임파워먼트란 단지 '권한위임'을 말하는 것이 아니다. 구성원들로 하여금 파워를 갖게 하는 과정이다. 구성원이 자신에게 파워가 있다고 느끼려면 스스로 결정할 수 있는 권한은 물론, 다른 요소들도 부여해줘야 한다. 즉, 할 수 있다는 능력감과 함께, 이 일이 어떤 의미가 있는지 스스로 의미 확인을 할 수 있는 기회를 줘야 한다.

구성원의 잠재력은 당신이 어떻게 대하느냐에 따라 살아나기도 하고 죽어버리기도 한다. 비판적이고 무시하는 이름표를 달아주고 부정적으로 기대하면 그에 준한 행동을 하게 되고, 부정적 결과를 촉발하게 된다. 리더라면 구성원이 자발적으로 동기부여하고 일할 수 있도록 권한을 창조적으로 분배해줘야 한다. 직원은 리더가 믿어주는 만큼 성장한다.

어떻게 하면, 상사가 자기 생각을 일방적으로 강요하지 않고 부하 직원을 이끌고 성장시킬 수 있을까? 먼저 '나는 이미 다 알고 있다.'는 패러다임을 내려놓고, 상대방의 인식과 행동에 호기심을 가지고 접근해야 한다. 애정을 가지고 관찰하고, 성장하고 실행하도록 하는 코치 역할을 잘할 때, 조직 구성원들은 든든한 내면의 자신감으로 성장하게 된다.

미시간 대학교의 풋볼 감독으로 20년간 234승, 승률 85퍼센트라는 대기록을 달성한 '전설의 리더' 보 스켐베클러Bo Schembechler는 이 균형을 잘 보여준다. 그는 욕도 잘하고 불같은 다혈질 성격의 소유자였다.

하지만 필드 밖에서는 선수들을 알뜰히 보살피는 부드럽고 인간적인 감독이었다. 돈이 없어 외곽에 살 수밖에 없는 선수에게 집을 얻어주고, 선수들의 학교 성적도 일일이 챙겼다. 코치, 선수, 스태

프들 이야기를 경청하면서 '나는 여기에 필요한 사람'이라는 인식을 심어주었다. 그와 동시에 리더로서 원칙을 명확히 하고 선수에게 따라올 것을 강력히 주문했다. 한 예로, 시간 엄수에 관한 한 병적일 정도여서 한 번도 인원 점검을 해본 적이 없었다. 시간이 되면 무조건 문을 걸어 잠그고 훈련을 시작했고, 버스 이동 시에는 늦는 사람을 기다릴 것 없이 제시간에 칼같이 출발했다. 팀 전체가 시간에 관해 칼이 되었다.

그는 팀을 최고의 가치로 내세웠다.

"아무리 뛰어난 선수도 팀보다 중요하지 않습니다. 아무리 뛰어난 감독도 팀보다 중요하지 않지요. 팀 그리고 팀, 결국 팀만이 전부입니다."

그는 스타 선수에 대한 우대를 금지하고, 아무리 뛰어나도 개인 플레이를 하면 선발에서 제외했다. 또한 강력한 목표를 세우되, 일방적으로 강요하지 않았다. 선수들이 스스로 목표를 설정하게 했다. 예를 들어 이번 시즌에 어떤 목표를 세우면 좋을지 물어보고 제시된 의견을 칠판에 쭉 적게 했다.

'오하이오를 박살내자, 빅텐에 진출하자, 로즈볼에 진출하자….'

그렇게 팀 목표를 정한 다음 개인 목표를 쓰게 했다. 두 장을 작성해 한 장은 감독에게 제출하고 한 장은 개인이 갖게 했다. 매일 아침 눈 뜰 때와 잠자리에 들 때 목표를 되새기게 했다. 선수들은 목표를 가슴속 깊이 새겼고, 의지를 다졌다. 그 결과 이전에는 감히 이길 엄두도 못 냈던, 2년 연속 승리 가도를 달리던 오하이오 주립대학 팀을 거칠게 몰아붙여 무려 두 배가 넘는 점수 차로 당당히 승리를 거머쥐었다. 오하이오 주립대학을 무너뜨린 것은 결코 우연이 아니었다. 보가 선수들 스스로 챔피언의 기준에 맞는 훈련 목표를 설정하게 했고 선수들은 그걸 소화했을 뿐이었다.

보에게 그 경기는 단지 승리 한 번이 아니라 신화의 시작이었다. 보가 이끄는 팀들은 20년 동안 무려 234번의 경기에서 이겼고 여러 대회에서 무려 스무 회가 넘는 우승을 차지했다. 평생을 미식축구 감독으로 살면서 보가 지켰던 큰 원칙은 선수들에게 적합한 목표와 도전 과제를 설정하고, 스스로 해낼 수 있다는 믿음을 심어준다는 것이었다.

구성원들에게 든든한 내면의 자신감을 심어주는 임파워먼트의 힘은 이토록 강력하다. 그렇다면 어떻게 구성원들로 하여금 파워를 갖게 할 것인가?

안전지대의 한계 끝에 서게 하라

인재를 잘 키워내는 상사는 마냥 좋기만 한 상사가 아니다. 어미 새가 아기 새를 날게 하기 위해 벼랑 끝에 몰아세우듯 있는 힘을 다해 노력해야 성취할 수 있는 높은 도전을 주고, 이를 통해 역량을 키우

게 하는 것이 반드시 필요하다. 리더십 개발 전문기관인 CCL_{Center}
for Creative Leadership에 의하면 구성원에게 높은 '도전'과 '지지'를 주는 것
이 결과적으로 강력한 효과를 낸다고 한다.

'지지_{support}'란 구성원에게 신뢰를 가지고 그의 생각과 의지를 지
원하는 것을 말한다. 구성원의 말을 경청하고 그의 생각을 존중해
주며 잘할 수 있다고 격려하는 것이 곧 지지다. 성장하기 위해서 상
사의 지지가 필요한 이유는 자신감을 가지고 안심하고 시도를 해볼
수 있기 때문이다. 마치 아이가 어머니의 지지가 있을 때 안심하고
나아가는 것처럼, 새로운 시도를 하기 위해서는 의도와 역량을 의
심받지 않는 안전한 환경이 필요하다. **상사의 역할을 제대로 하기 위
해서는 가장 먼저 직원이 가진 생각과 관점을 존중해주고, 잘할 수 있다
는 믿음을 보여줌으로써 자신이 지지 받고 있다는 안심감을 줘야 한다.**

'도전_{challenge}'은 상대방이 하고자 하는 것보다 더 크고 많은 것을
기대하고 요청하는 일이다. 간혹 도전을 질책한다는 뜻으로 해석
하는 경우를 보는데, 그야말로 언어의 오용이라고 생각한다. 도전
이란 하던 수준과 틀에서 벗어나 그 이상을 목표로 힘껏 기량을 발
휘하는 것을 말한다. 우리에게는 누구나 안전지대가 있다. 늘 하는
수준, 익숙한 방식에 머무는 것이 안전지대에 있는 것이다. 도전이
란 바로 그 안전지대를 벗어나 한계를 돌파하기 위해 힘껏 노력하
게 하는 걸 말한다. 높은 도전이란, 그 사람이 안전지대에서 벗어
나 더 높은 목표를 추구하도록 독려하는 일이다. 부하 직원의 잠재

력을 믿고서 말이다.

하지만 도전을 독려한다는 게 무리한 목표를 강요하는 것은 전혀 아니다. 이때의 도전은 '요청'하는 형태이다. 즉 결정은 상대방이 하는 것으로, 상대방은 이를 수용할 수도 거절할 수도 있다. 또 다른 수정안을 낼 수도 있다.

예를 들어, 건강을 위해 운동을 하겠다는 사람이 있었다. 처음엔 집 근처에서 산책을 하겠다고 했는데, 이 사람에게 코치가 이렇게 말하는 것이다.

"조금 더 노력하면 마라톤 풀코스도 뛸 수 있을 겁니다. 올해 안에 마라톤 완주를 목표로 해보세요."

이 사람은 처음엔 깜짝 놀랐지만, 잠시 뒤에 이렇게 대답했다.

"제게 풀코스 완주는 무리입니다. 하프코스는 뛰어볼게요!"

이 대화를 통해 산책에서 하프 마라톤 완주로 실행 계획의 수준이 완전히 바뀌었다. 이게 도전의 예이다. 일터에서도 마찬가지이다. 일의 수준이나 목표가 낮으면, 그 사람은 성장하지 못한다. 더 높은 수준으로 일하도록 기대하고, 요청하고, 격려하는 것을 통해 그 사람은 자기 한계를 넘어설 동기를 갖게 된다.

이는 높은 지지와 강력한 도전의 매트릭스로 설명할 수 있다. 구성원을 대할 때 인정과 지지는 높은데 도전이 약하면 공감형 리더십에 그치게 된다. 공감만 하다 끝난다. 사람 좋은 상사 소리는 들을 수 있을지 모르지만, 사람을 키워내긴 어렵다. 누구나 안전지대에 머물려고 하기 때문이다.

반대로 도전은 강력한데 존중과 지지가 약하면 그 구성원은 두려움에 직면하여 긴장 속에서 일하게 된다. 상사에게 찍히지 않을까, 회사에서 잘리지 않을까, 이렇게 두려움과 긴장 속에서는 역설적으로, 우리가 가진 잠재력을 쓰지 못한다. 몰입할 수가 없다. 상대에게 맞추려고만 하기 때문이다. 도전과 지지가 둘 다 낮으면, 단지 구성원을 바라보기만 하는 관찰 영역이다. 별다른 영향을 주고받지 않는 방임형이라고 하겠다.

이는 꼭 직장에서의 코칭에만 해당되는 말이 아니다. 부모의 역

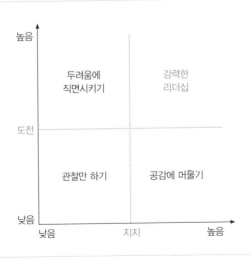

〈높은 지지와 강력한 도전의 매트릭스〉

할에 관해서도 똑같은 매트릭스로 설명할 수 있다. 우리가 자녀들을 대할 때도 지지와 도전의 균형이 필요하다. 너무 오냐오냐 하면서 도전을 독려하지 않고 안전지대에만 머물게 하면 자녀는 타고난 잠재력을 발휘하지 못하게 된다. 반대로 지적하고 질책만 할 뿐 지지가 부족하면 자신감이 부족하고 시도할 용기를 갖기 어렵다. 결국 높은 지지와 강력한 도전을 겸비하는 결정적 순간, 리더십은 비로소 완성된다.

효율적인 임파워먼트를 위해서는 결국 일을 통한 성장이 중요하다. 업무를 해나가면서 어려움을 극복하고 해결해나가는 과정에서 커다란 개인의 성장이 이루어지는 것이다. 기업에서 인재육성의 70퍼센트는 직무 과업을 해결하면서 얻어지는 것이고, 20퍼센트는 코칭과 피드백 등 사람을 통해 얻어지며, 10퍼센트만이 공식 교육이나 책을 통해 얻어진다.

사람을 키우는 데도
'안티 프래질' 방식이 필요하다

세심하게 관리할수록 더 취약해지는 것이 많다. 특히 사람이 그렇다. 우울하다고 항우울제를 먹으며 이를 회피하고 감정의 가변성을 제거하다 보면, 결국 항우울제가 없을 때 더 큰 감정 기복을 겪게 된다. 면역이 생기려면 약간의 독성 물질을 주입해야 하는데, 너무 제거하기 때문이다. 우리 몸에는 자연 치유력이 있다. 모든 증상에 지나치게 개입하여 잠재적 부작용이 있는 약을 지속적으로 복용하면 몸은 오히려 더 취약해진다.

조직에서 사람을 키우는 것도 그렇다. 직원들을 배려하고 자상하게 감싸기만 해서는 인재가 크지 않는다. 때론 상사의 역할을 떠넘겨야 한다. 어떻게 해야 할지 지침이 불확실한 상황에서 일을 처리하는 체험 속에서 직원들은 성장한다. 직원들에게 언제 자기가 크게 성장했다고 느끼는지를 물어보면 꼭 나오는 대답 중 하나가 '상사 부재로 역할을 대신했을 때'다. 일류 대학을 나왔다는 것은 그 사람의 역량 중 아주 부분적인 것만 말해줄 뿐이다. 수업에 집중하고 체계적으로 공부할 줄 안다는 것, 즉 예측 가능하고 체계적인 환경에서 일을 잘할 사람이라는 뜻이다. 그런 사람들은 명확히 정의된 일이 아니면 스트레스를 받는다. '실수하면 어떡하나…' '내 능력이 부족한 게 아닐까?' 하고. 하지만 바로 그런 작은 마음을 극복하는 데 성장이 있다. 그런 도전을 주는 데 주저하지 말아야 한다.

상사들에게 예비 후계자를 정해 써보게 하면 항상 직원의 역량이 아직 부족하다고 느낀다. 현재의 자기 역량과 비교하기 때문이다. 하지만 자신도 처음 그 역할을 맡았을 때는 어려웠을 것이다. 그렇기에 자신의 현재가 아닌 이 일을 처음 맡았을 때와 비교하는 눈높이를 갖고 봐야 한다. 그럼 직원들의 장점과 가능성도 보일 것이다.

한 것이 '지지와 도전의 균형'이
다. 너무 오냐오냐 하면 아무리
뛰어난 인재라도 잠재력을 발휘하
지 못한다. 반대로 질책만 할 뿐
지지가 부족하면 자신감이 부족해
시도할 용기를 갖기 어렵다.

나심 니콜라스 탈레브Nassim Nicholas Taleb는
은행이나 증권 시스템처럼 조그만 실수에
도 치명적인 영향을 받는 '프래질Fragile' 체
질이 있는 반면에, 실수와 실패를 거듭하
면서 번성하는 '안티 프래질Antifragile'의 체
질이 있음을 지적했다.

직원 육성에서도 모든 걸 챙기며 일일이 코칭해주는 것이 프래
질이라면, 어느 정도 스스로 업무를 처리할 수 있는 환경만 제공해
주고 고민도 깊게 해가면서 독립심 있게 성장하도록 돕는 게 안티
프래질 방식이다.

경주마는 자기보다 열등한 말과 경쟁하면 패배하고 우수한 말과
경쟁하면 승리할 가능성이 높다고 한다. 이는 스트레스 요인이 없으
면 나을 것 같지만, 자기 능력을 제대로 발휘하지 않게 되기 때문이
다. 항공기 운행이 자동화되어 조종사에게 지나칠 정도로 편안한 환
경을 제공하면 오히려 대형사고로 이어질 가능성도 높아진다. 실제
로는 엄청난 책임이 있는데 반해 책임 의식이 느슨해지기 때문이다.

코칭은 상대방을 임파워해주는, 즉 힘을 갖게 해주는 일이다. 그
러려면 높은 인정과 지지, 강력한 도전이 필요하다. 용기와 자신감
과 동기를 갖게 해주기 때문이다. 하지만 자신을 작게 한정시키고
있거나, 동일한 패턴에 빠져 있을 때, 혹은 안전지대에 머물러 있
을 때에도 인정만 남발한다면 상대를 무기력하게 만들기 때문에 육

성이 안 된다.

연을 날려 본 사람은 알 것이다. 바람이 불기 시작할 때 연실을 풀어주면 연이 멀리 날 것 같지만, 실은 얼마 올라가지 못하고 곤두박질친다. 오히려 연이 날아갈 때 연실을 팽팽히 당겨줘야 높이 올라가는 것이다.

인재 육성을 잘하려면, 더 높은 목표에 도전하도록, 이를 통해 자기 기량을 끝까지 사용하도록 도전을 독려해야 한다. 왜 그런가?

우리는 상대의 잠재력을, 더 큰 존재가 될 수 있는 그의 가능성을 볼 수 있기 때문이다.

09

열린 질문으로
스스로 바꾸게 하라

한 제조업체 임원의 체험이다. 어느 날 중요한 고객사와 조찬 미팅
이 잡혔다. 고객사 담당자에게 새로운 제안을 검토해달라고 해야
하는데 시간을 내기가 어려울 정도로 하도 바쁘다고 하여, 겨우 이
른 새벽 조찬미팅으로 잡은 것이다. 장소도 신경 써서 정하고 실무
자에게는 미팅에 자료 등을 잘 준비하여 오도록 단단히 당부해두었
다. 당일 아침이었다. 조찬 약속인 7시보다 20분 먼저 약속장소에
도착한 임원에게 실무자가 풀죽은 목소리로 전화를 해왔다.

"상무님, 너무 죄송한데요. 제가 늦게 일어나서…. 정말 죄송합
니다. 미팅 자료는 어제 고객사에 이메일로 보내놓긴 했습니다만…
휴우…."

정말 어이가 없어서 말이 나오지 않는 상황이었다. 도대체 정신을 어디 두고 있냐고 혼쭐을 내고 싶은 마음도 잠시, 임원은 나지막한 목소리로 얘기했다.

좋은 리더는 직원이 스스로 생각할 수 있도록 열린 질문을 던진 뒤 경청하고, 아이디어를 더해주면서 실행 다짐을 이끌어낸다. 이 과정에서 직원은 구체적인 개선 지점을 깨우치고 스스로 해내겠다는 결심을 다지게 된다.

"음… 알겠어요. 일단 지금이라도 빨리 준비해서 나와요. 식사하면서 먼저 구두로 설명하고 있을 테니 좀 늦게라도 오도록 합시다. 이번 제안 내용도 중요하지만, 실무를 맡을 담당자인 김 과장을 만나보는 것도 고객사 입장에선 중요해요. 내가 양해 구해놓을 테니 너무 기죽지 말고 8시까지 와서 제대로 인사하도록 해요."

식사를 하면서 얘기를 나누는 동안 실무자는 1시간 늦게 참여했다. 고객사에겐 집안에 피치 못할 사정이 생겼다고 양해를 구한 뒤였다. 미팅이 끝난 후였다. 김 과장은 먼저 이런 말을 했다.

"저 같으면 화가 나서 어쩔 줄 몰랐을 겁니다. 그 상황에서도 차분하게 해법을 알려주셔서 너무 의지가 되었습니다. 믿어주시는 만큼 앞으로 더 잘해야겠다는 생각이 들었습니다. 고맙습니다."

상사들은 혼을 내야 정신을 바짝 차린다고 생각하지만, 실은 두려움에 기초한 규율보다 더 지속적이고 강력한 것은 스스로 잘하려고 하는 내재적 동기를 이끌어내는 것이다.

사람은 논리만으로 움직이는 존재가 아니다. 직원들에게 '월급값을 해야지! 회사가 자선단체라서 당신에게 월급 주냐?'라는 일차원적 자세로 대한다면 아직 갈 길이 먼 하수다. 그런 반면에 직원 다루는 법을 아는 '고수' 리더들은 이렇게 생각한다.

'저 직원도 꿈이 있고, 흥분과 실망을 맛보면서 살아가는 인격체다. 아직 드러나지 않은 가능성이 충분히 있고, 나에게 인정받기를 바라는, 어떤 조건만 되면 열정을 다해 기꺼이 기여할 수 있는 사람이다.'

둘 중 어떤 리더가 더 구성원 안에 내재한 열정과 가능성을 이끌어내어 헌신적으로 일하게 만들겠는가?

이때 직원들을 이끄는 데 서툰 하수 리더는 이렇게 질책한다.

"지금까지 도대체 뭐했나? 지금 뭐 하자는 건가?"

이런 질책은 직원들에게 조급함, 죄책감, 저항감, 방어적 태도 등을 불러일으킨다. 문제가 있는 직원에게 따끔하게 '한마디'해야 상황이 나아질 거라는 생각은 크나큰 편견이다. 감성지능이 높은 리더들은 이런 식으로 접근하지 않는다. 먼저 문제의 핵심을 관통하는 질문부터 차분히 던진다.

"이 일은 정말 중요하네. 지금까지 잘 처리가 안 된 요인이 무엇이라고 생각하는가?"

그다음에 아래와 같이 실질적으로 어떻게 일을 진전시켜야 할지 직원 스스로 생각하게 하면서 해결책을 '여는 질문'을 하는 것이다.

"앞으로 이 문제를 해소하고 빨리 진전시키려면 어떻게 해야 하겠나?"

리더의 중요한 역할 중 하나는 직원과의 소통이다. 소통이 잘되어 효과적인 피드백을 전달하면 직원들은 동기부여되어 신나게 일하지만, 반대로 질책을 일삼으면 직원들은 수동적인 존재가 된다.

리더가 '부하 직원은 나보다 못한 존재'라는 정태적인 사고와 한 수 가르쳐주겠다는 자세를 가지고 훈계할수록 결코 진정한 배움은 일어나지 않는다.

잘 알려진 리더십 구루인 존 휘트모어John Whitmore PCI 회장은 코칭의 핵심을 '의식awareness과 책임responsibility'이라는 두 가지 키워드로 정리했다. 즉 **깊게 생각함으로써 어떤 것에 대해 통찰과 의식을 갖게 하고, 스스로 해법을 찾아내어 그에 대한 책임감을 갖게 하는 것이 '진정한 리더의 화법'이라는 것이다. 일방적으로 지시하고 조언하면 직원의 의식은 개발되지 않고, 책임은 지시를 한 리더에게 있을 뿐 직원은 시키는 대로 한 사람에 머문다.**

좋은 리더는 직원이 스스로 생각할 수 있도록 열린 질문을 던진 뒤 경청을 하고, 거기에 아이디어를 더해주면서 실행 약속과 다짐을 이끌어낸다. 이렇게 대화를 하면 직원의 마음엔 구체적으로 무엇을 개선할지가 잡히고 스스로 해내겠다는 다짐이 우러나온다. 이처럼 직원과의 대화에서 '질문'을 중시하는 이유는 사람들이 스스로 해결책을 생각해낼 때 더 큰 동기를 갖기 때문이다. 미국의 화장품 회사 메리케이Mary Kay의 애쉬Mary Kay Ash 회장은 이렇게 말한다.

"상사가 아무리 훌륭하고 면밀한 계획을 제시하더라도 부하 직원에게는 그저 하나의 지시일 뿐이다. 하지만 처음부터 직원이 자신의 아이디어를 가지고 기여하게 하면 그 일은 직원의 사명이 될 수 있다."

진정한 소통은 상대방을 '무언가 결함이 있는' 존재가 아닌 잠재력이 풍부한 인간으로 보는 데서 출발한다. 완전한 인간으로 대접받을 때 사람들은 밑바닥에 있는 진짜 동기를 가동하는 법이다. 일본의 리더십 코칭대가 에노모토 히데타케榎本英剛의 말처럼 "누구나 잠재력을 갖고 있고, 필요한 해답은 그 사람 내부에 있으며, 그 해답을 이끌어 내는 데는 '리더'라는 파트너가 필요하다."

어떻게 부하 직원과 대화할 것인가?
직원의 평생 충성을 얻는 말

❶ 입을 열기 전에, 상대방을 인정하는 것부터 시작하라

대화는 상대방의 입장을 공감하는 데서 출발해야 한다. 인정받고 싶은 욕구는 누구에게나 가장 큰 동기 요소이다. 상대방이 가지고 있는 장점, 가치관, 기여한 것 등을 잘 관찰하고 인정해주면 개선과 성장의 동기를 갖게 된다. 마음의 문을 열기 때문이다.

설령 실망스러운 결과를 두고서도 상대방이 잘할 수 있는 가능성과 잘하고 싶은 마음은 인정해줄 수 있다. 이때 거짓 칭찬은 금물이다. 상대를 전인적인 한 인간으로 대하고 진정으로 공감하는 데서 인정은 출발된다.

❷ 일방적으로 추측하지 말고, 참을성 있게 들어라

성급하게 문제를 해결해주려는 마음을 내려놓고 의미 파악을 위해 끝까지 상대의 말을 들을 필요가 있다. 이때 듣는다는 것은 수동적인 역할이 아니라, 상대방으로 하여금 생각을 정리하고 새로운 아이디어도 생성해낼 수 있게 하는 공간을 만들어주는 적극적인 일이다. 상대방의 말만 듣는 것이 아니라 밑 속에 들어 있는 욕구와 의도, 감정까지 헤아리면서 깊이 있게 들어줘야 한다.

❸ 열린 질문을 던져라

"문제없겠나?" 같은 질문이 "예." 또는 "아니요." 같은 단답을 끌어내는 닫힌 질문이라면, "어떤 점을 더 고려해야 할까?" 같은 열린 질문은 상대방이 자유롭게 생각하고 다양한 의견을 말할 수 있게 해준다. 열린 질문은 대부분 '어떻게' '무엇' 등의 의문사로 시작된다. 예를 들면 다음과 같은 질문이다.

"영업성과를 높이려면 어떤 노력이 필요하다고 생각하나?" "지난 분기와 다르게 무엇을 중점적으로 수정하고 보완해야겠나?" "그러면 우리 회사 스타일에 맞는 영업 방법은 어떤 것이 있겠나?"

이처럼 유도 질문이나 책망성 질문이 아니라, 호기심을 가지고 상대방의 인식 수준과 통찰을 이끌어내는 열린 질문을 하라.

❹ 일방적인 비판이 아닌 중립적인 피드백을 하라

직원이 잘한 부분과 부족한 부분, 개선된 사항에 대해 중립적으로 피드백해주는 것이 필요하다. 이건 책망이나 비판이 아니라, 마치 이에 고춧가루가 끼었다고 말해주는 것처럼 객관적이며 중립적이어야 한다.

사람들은 누구나 주관적인 착각에 빠지기 쉬우므로 성장을 위해서는 누군가의 정확한 피드백을 필요로 한다. 직원들이 존경하는 리더는 무조건 잘해주는 리더가 아니라 자신을 성장시키기 위해 피드백을 잘해주는 리더다.

10

'브라보!'에
인색하지 마라

'마지막 4중주'는 25년이나 현악 4중주를 이뤄 연주해온 최고의 연주자들의 나이 듦과 삶의 욕망을 그린 아름다운 영화다. 이 영화 속에 이런 장면이 있다. 첼리스트 피터가 학생들을 지도하는데, 합주 연습 도중에 자꾸 실수하는 학생을 동료 학생들이 비난하자, 자기 경험을 들려준다.

"내가 줄리아드 다닐 때 파블로 카잘스Pablo Casals 앞에서 연주할 기회가 생겼지! 그래, 파블로 카잘스 말이야! 꿈같은 기회가 온 건데, 그만 너무 떨려서 연주를 망치고 말았어. 근데 카잘스가 잘했다면서 하나 더 연주해보라더군. 이번엔 정말 잘해야지 했는데, 두 번째도 또 망쳐버렸어. 하지만 카잘스는 브라보, 라고 박수를 치더 모든 사람은 더 나아지기 위해서 누군가의 인정을 필요로 한다. 진심에서 우러나는 인정만큼 긍정적인 변화를 불러일으키는 것도 없다. 사람은 '잘할 수 있는 완전한 사람'으로 대접받을 때, '자율'이라는 모터를 작동하는 법이다.

군. 정말 놀랍게도 말이야."

그로부터 몇십 년이 흐르고 나서 피터가 연주자가 된 후 다시 만난 카잘스에게 그때 왜 그랬는지를 물어본다. 카잘스는 이렇게 대답한다.

"그때 자네는 활을 높이 쳐들고 생동감 있게 연주를 했어. 잘했다고! 어느 한 부분이라도 감동을 준다면 연주자에게 감사해야지. 앉아서 실수나 세고 있는 머저리들은 그런 감동을 느낄 수가 없지!"

연주가 그렇듯이, 일도 삶도 사람도 완벽이란 없는 법. 문제는 실수를 세면서 보느냐, 감탄을 하면서 보느냐는 우리 선택이라는 사실이다.

리더십 코칭을 하는 자리에서 나는 간혹 그들에게 '내 인생 최고의 순간'을 얘기해달라고 요청하곤 한다. 사람들은 그 이야기를 하는 동안 자기도 모르게 자신의 가치관과 정체성, 꿈을 얘기하게 되기 때문이다.

대부분 사람들이 인생 최고의 순간으로 꼽은 것은 승진 합격 등 어떤 사건이라기보다는 누군가 자신에게 중요한 사람으로부터 마음 흡족한 인정을 받은 경험이었다. 예를 들면, 대학 합격 자체보다 합격 소식에 눈물을 흘리며 기뻐하면서 자신을 안아준 부모의 마음이 더 감동이었다고 한다. 승진 자체보다, 회사의 어떤 자리에서 직원들이 자신에게 보내준 환호와 인정이 더 가슴에 남는 것이다. 의사로 오래 일해온 어느 분은 아직까지도, 중학교 때 미술 작품을 보고 선생님이 '정말 소질이 있다.'며 크게 인정해준 일을 최고의 순간으로 꼽았다. 그런 인정이 있었기에 힘든 상황을 이겨내고 끈기를 갖게 되었으며, 조직이나 사람에 더 몰입하게 되었다는 것이다.

칭찬은 부하 직원을 훨훨 날게 한다

젊었을 적 다니던 회사는 리더십 교육회사라서 어느 정도 직급이 되면 강의를 하는 게 당연시되었다. 하지만 나는 나서기보다는 뒤에 앉아서 관찰하는 것을 좋아하는 타입이었고, 숫기도 없어서 대중강의가 엄청 두려웠다. 예전의 안 좋았던 기억도 떠올랐다. 친구의 부탁으로 친구 회사 직원들 상대로 간단한 지식 전달 강의를 한 적이 있는데, 얼마나 떨렸는지 청심환을 두 알이나 사먹고도 덜덜 떨면서 모기만 한 목소리로 겨우 얘기를 했다. 내가 무슨 말을 하고 있는지 나도 모르겠다는 식으로 정신없이 한 강의였다. 나중에 친구는 내 목소리가 너무 작아서 뒤에선 아예 들리지도 않더라고 했는데, 그 얘길 듣고 얼마나 부끄러웠는지 모른다.

그러던 내가 강의를 주업처럼 해야 하니 난감했다. 당시 나는 헬렌 하우스라는 코치에게 정기적으로 코칭을 받고 있었다. 코칭 시간에 고민을 털어놓았다.

"강의를 하긴 해야 하는데… 적성에도 안 맞고… 저는 좋은 강사가 못 돼요." 코치는 나에게 왜 그렇게 생각하느냐고 물었다. 나는 대답했다.

"아, 보시다시피 저는 체격도 왜소하고, 목소리도 작잖아요. 강사라면 웅변가처럼 청중을 사로잡고 이끌어갈 힘이 있거나, 사람들을 웃겼다 울렸다 하는 재미라도 있거나 해야 하는데… 한마디로 저는 강사로서 파워가 없어요."

그때 헬렌 코치는 내 눈을 똑바로 보면서 이렇게 딱 한마디를 하는 거였다.

"당신은 파워가 있어요." 나는 깜짝 놀라서 "정말요? 정말 그렇게 생각해요?"라고 물어보았다. 그녀는 내 팔을 가만히 잡더니 "그렇게 생각만 하는 게 아니라 당신의 파워를 직접 느낄 수도 있어요."라고 말해주었다.

이상하게도 그 얘기를 듣고 나니 마음이 가볍고 후련해졌다. 하긴, 사람마다 다른 느낌 다른 색깔의 파워가 있을 수도 있지 않을까? 꼭 다른 유명강사 스타일대로 할 필요는 없을지도 모른다. 내가 느낀 솔직한 얘기로 강의를 하는 게 중요할 것 같다는 자각이 생겼다. 그런 생각으로 강의를 계속 해나가다 보니, 울렁증도 극복이 되었다. 어느 때는 조근조근 말하는 듯한 내 강의가 목소리 큰 강사의 강의보다 더 집중이 잘 된다거나, 귀에 쏙쏙 들어온다는 과분한 평도 들을 때도 있었다.

어느 날 오랜 친구를 만났다. 내가 "야, 나처럼 정말 나서기 싫어하던 애가 남들 앞에서 강의하는 직업을 갖다니, 너무 아이러니하지 않냐?"고 했더니, 내 친구가 이렇게 말하는 것이었다.

"야, 너, 나서야 할 때 꼭 나섰어, 무슨 소리야!"

선생님이 뭔가 틀리게 말씀하시면 꼭 손들고 그걸 짚어내는 학생이었다는 거다. 내 모습은 나보다 친구들이 더 잘 아는지도 모르겠다. 아무튼 오래전 헬렌 하우스 코치는 대단한 권위자도 아니고, 단지 내 코치일 뿐이었지만 자신감을 장착시켜주는 인정의 한마디를 해준 것이다. 코칭이 사람들이 가진 잠재력을 일깨워주는 것이라면, 바로 그 일을 해준 것이었다.

칭찬의 효과가 크고 인정이 중요한데도, 우리는 칭찬과 인정에 인색한 문화에서 자라고 훈련된 탓에 칭찬의 말을 하기가 그리 쉽지 않다. '쑥스럽고 어색하고, 입에 발린 말 같아서…'라는 이유에다가 '그걸 꼭 말로 해야만 아느냐?'라는 알아서 헤아리길 기대하는 형, '칭찬할 게 있어야 칭찬하지.'라는 인색형까지 흔쾌히 인정이나 칭찬을 못하는 갖가지 이유가 많다.

하지만 상대방을 진심으로 인정해주고 칭찬하는 것은 상대방이 인정받을 만해서 하는 게 아니라, 내가 남을 인정해주고 칭찬할 만한 성숙성이 있을 때 나오는 행동이다. 즉 상대방의 선택이 아니라 나의 선택이다. 조직의 리더들에게 있어서 인정과 칭찬이란 평가가 아니라, 구성원들을 동기부여하는 일이며, 그렇기 때문에 리더라면 누구나 해야 할 역할 수행이다. 아예 의무라고 생각해야 한다.

모든 사람은 더 나아지기 위해서 누군가의 인정을 필요로 한다. 아이들만 아니라 노인도, 직원들만이 아니라 상사도, 심지어 학자나 대통령도 그렇다. 진심에서 우러나는 인정만큼 사람의 긍정적인 변화를 강화시키는 것도 없다. 사람은 누구나 '잘할 수 있는 완전한 사람'으로 대접받을 때, 저 마음 밑바닥에 있는 자율이라는 모터를 작동하는 법이다.

잘못했을 때 크게 질책하는 접근법보다 잘했을 때 진심으로 인정해주는 것이 왜 더 효과적인가? 인정은 자부심을 심어주고 자신의 행동에 대한 책임감을 높여주기 때문이다. 베스트셀러가 되었던 책의 제목처럼, '칭찬은 고래도 춤추게 한다'지 않는가.

반대로 질책을 하면 어떤가? 사람들은 질책을 받으면 일단 반감을 갖게 되고 자신이 비난받는다는 마음에서 방어적이 된다. 즉 속이 좁아지게 된다. 질책받았던 그 일에 대해서는 자신감이 더 줄어들고 위축되기 때문에, 질책 대상이 되었던 그 업무나 행동을 가능한 회피하고 싶게 된다. 그 일을 회피하면 아무래도 그 일을 할 기회가 줄어든다. 더 안 하게 되고 그러면 그 일은 더더욱 못하게 되는 결과를 가져온다.

어느 교수님의 사례다. 지방 대학에서 학생들을 가르치다 보니, 알게 모르게 학생들의 수준이 낮다고 보았고, 학업 태도나 성취 수준이 늘 미흡하다고 느끼고 있었다. 그 결과 교수님이 학생들에게 요구하는 수준도 낮았다. 그런데 코칭을 계기로 교수님은 '학생들에게 아직 표출되지 않은 잠재력이 있고 충분히 더 높은 과제를 해낼 수 있다.'고 생각을 전환하셨단다. 그래서 학생들에게 좀 더 수준 높은 그룹 과제를 내주었다고 한다.

그것은 그 지방의 기업들을 대상으로 어떤 경영 전략을 채택하고 현실적으로 어떻게 그 전략이 구현되고 있는지를 확인하는 프로젝트였다. 인터뷰와 설문 조사 등 학부 학생들이 직접 하기에는 벅차지 않을까 하면서도, 교수님은 학생들에게 내야할 결과를 분명히 정해 주고 어떤 방법으로 과제를 수행할 것인지에 대해서 학생들의 토론을 이끌어냈다고 한다. 대상 기업 선정과 학생들 간의 역할 분담, 일정 계획, 최종 보고서 준비 형식 등 필요한 요소들을 정하게 하고 그것이 진행되는 것을 격려하며 지켜보았다는 것이다.

놀라운 것은, 교수님이 그 결과를 보았을 때였다. 그 전에는 개별적으로 내는 리포트도 제대로 내지 않고, 수업 시간 집중도가 떨어지는 등 실망스러웠는데, 이번 그룹 프로젝트는 아주 성공적으로 진행되었던 것이다. 적어도 모든 학생들이 주체가 되어 해당 기업들을 조사했고, 스스로 결과물을 만들어내는 그 과정을 열심히 해냈다는 것이다.

교수님은 학생들에게 잘해냈다고 크게 인정해주었는데, 내심 '그간 내가 지방대 학생이라고 스스로 제한하고 있지 않았나.' 하는 반성이 되더라고 말했다.

인정과 칭찬에서 비롯되는 가장 근본적인 변화는 우리 마음속에서 진정으로 상대를 인정할 때 시작된다. 잠재력이 있는 존재로 존중해줄 때 정말 잠재력은 피어난다.

철학자 헤겔은 자신에 대한 확신을 하고 있는 나의 의식은 아직 진리가 아니라고 말한다. 이 확신이 진리이기 위해서는 타자에게 이것이 확장되어야 한다. 타인의 인정이 필요한 것이다. 쉽게 말하면 남이 나를 미인으로 알아주었을 때 비로소 나는 미인이 되는 것이고, 남이 나를 천재로 알아주었을 때 나는 진정 천재가 되는 것이다. 이게 모든 조직의 리더들이 인정과 칭찬을 해야 하는 이유가 아닐까 한다.

11

정확한 피드백이
직원을 성장시킨다

한국의 상사들은 피드백에 약하다. 과거 상사로부터 피드백을 받아본 적이 별로 없는 데다가, 바빠서 직원들에게 피드백해줄 시간을 내지 못한다. 벌컥 화를 내며 질책하는 건 대부분 경험이 있는데, 왜 차분한 피드백은 못하는 것일까? 평소에 문제점을 지적해주는 직면이 어려워서 회피하고 참다 터져 나오는 게 '화'다. 피드백이 왜 필요하며, 어떻게 해야 효과적으로 피드백을 할 수 있을까?

피드백이란 밀은 원래 어떤 원인에 의해 결과가 나왔을 때 그 결과 값이 원인에 작용해서 다음 결과를 조절하는 자동조절 기능을 뜻한다. 게임을 할 때 스코어를 알아야 승리를 위한 전략적인 행동을 할 수 있는 건 당연하다. 피드백이 없다는 건 스코어를 모르면서 경기를 하는 것과 같다. 조직에서도 피드백이 없으면 자신이 잘하고 있는지, 상사가 내 업무 결과에 얼마나 만족하고 있는지 알 수 없다.

연구에 의하면 구체적인 목표가 있고, 이를 수행한 것에 대해 피드백이 제대로 주어질 때 수행 노력이 60퍼센트 높아진다고 한다. 우리는 대부분 자신이 나름대로 최선을 다하고 있다는 식의 자기만족적 느낌을 가지고 일한다. 하지만 객관적으로 잘하고 있는 것은 무엇이고 성과를 높이기 위해 어떤 행동이 더 필요한지에 대해 피드백을 받지 못하고 일한다.

우리는 대부분 자신에게 관대한 나르시시스트들이다. 《스위치》를 쓴 히스 형제Chip Heath, Dan Heath에 의하면 자신이 평균 이상의 연구 실적을 낸다고 생각하는 대학교수는 94퍼센트에 달하고, 자기 리더십이 평균 이하라고 생각하는 고등학생은 2퍼센트에 불과하며, 대인관계 역량이 상위 1퍼센트에 속한다고 믿는 사람은 25퍼센트에 달한다. 이렇게 긍정적 착각에 빠지기 쉬운 우리이기에 자신을 객관적으로 인식하고 성장하기 위해서는 피드백이 필수다.

인사고과에서 최하위 점수를 받아 승진에서 누락된 직원이 있었다. 다면평가에서 그의 팀워크 점수는 최하점이었다. 일할 때 늘 인상을 쓰고 신경질적인 태도로 사람들을 대해서 본인의 부서 내에서나 협력 부서에서나 '까칠남' '함께 일하기 싫은 사람'으로 찍혀 있었다. 팀 회식이나 워크숍에도 자주 빠졌는데, 안 와도 이유를 궁금해하는 직원이 없을 정도였다.

팀장은 그와 면담을 하면서 사람들이 본인을 어떻게 생각하고 있는지 그가 전혀 모르고 있다는 사실에 놀랐다.

"김 대리, 혹시 우리 회사 직원들이 김 대리를 어떻게 생각하고 있는지 아나?"

"팀장님, 저는 제 일에만 최선을 다하면 되는 거 아닐까요? 업무에 한해서는 맡은 바 최선을 다하고 있고, 업무 외적인 자리에는 참석하지 못했지만 그건 개인 사정이 있어서입니다. 다른 직원의 시선은 굳이 신경 쓰고 싶지 않지 않네요."

팀장은 사람들이 그와 일하는 데 부담을 느끼고 피하고 있다는 피드백을 해주면서 어떤 이유가 있는지를 물어보았다. 그는 뜻밖의 사정을 말했다.

"저 사실 몸이 좋지 않습니다. 병원에 가면 아무 이상 없다는데 통증이 심해서 점심시간과 저녁 시간에는 되도록 운동을 챙겨서 하려고 하고 있습니다. 그래서 회식에도 많이 빠졌던 거고요."

'그렇게 컨디션이 좋지 않으니 늘 사람들을 신경질적으로 대한 것이었나?!'

팀장은 내심 물어보길 잘했다고 생각하면서, 앞으로 어떻게 할

'저성과자' 문제는 조직의 큰 고민거리다. 대부분의 상사는 직원이 결점이 있으면 더 세세히 지시하고, 업무 처리를 감시하고 바로잡는 식으로 피드백을 한다. 이 경우 직원은 자신을 믿지 않기 때문이라고 해석하고, 오히려 노력을 '덜' 한다.

것인지를 의논했다. 다행히 그는 "아무도 그런 솔직한 피드백을 안 해주었는데, 늦었지만 알게 된 게 다행"이라면서 좀 더 역지사지하여 사람들을 대하겠다고 약속했다. 피드백의 효과는 즉각적이었다. 바로 다음 주부터 팀원들과 함께 식사를 하는 그를 볼 수 있었고 얼굴 표정도 훨씬 밝아진 것을 볼 수 있었다. 이런 순간이 바로 조직 내 소통의 터닝 포인트가 되는 결정적 순간이다. 이럴 때 피드백은 마치 이에 고춧가루가 끼었다고 말해주는 것과 같다. 적절한 피드백은 문제 해결의 실마리가 된다.

그렇다고 피드백이 꼭 부족한 부분만을 지적하는 것은 아니다. 잘하고 있는 점을 더 잘하게 하기 위해서도 강점과 잘하고 있는 부분을 알려줄 필요가 있다.

칭찬과 질책만이 피드백이 아니다

다양한 조직의 고민을 듣다 보면 꼭 나오는 문제가 '저성과자'에 대한 해법이다. 저성과자라는 말 자체가 갖는 낙인 효과 때문에 조심스럽지만, 그들의 존재는 부인할 수 없는 현실이다. 저성과자의 기준은 무엇일까? 저성과자에게는 어떻게 피드백해야 하는 것일까?

예전에 저성과자 코칭을 의뢰받은 적이 있다. 코치로서 내가 가장 먼저 한 일은 관찰이었다. 섀도우코칭shadow coaching이라고 해서,

업무 현장이나 회의, 면담 자리에 함께하며 조용히 지켜보고 나서 피드백을 하는 일이다. 사람들은 자기 언행을 객관적으로 알지 못하기 때문에, 섀도우코칭은 생각보다 효과적이다.

당시 관찰과 코칭을 통해 저성과자의 공통 문제를 파악할 수 있었다.

❶ 시간 관리 문제

대부분이 아침에 계획을 세우지 않고 일을 시작했다. 업무 생산성이 낮아서 자잘한 일을 처리하는 데 많은 시간을 보내는 경우가 많고 한 가지 일에 진득하게 몰입하지 못했다. 퇴근시간이 다 되어서야 자기가 해야 할 일을 시작할 시간이 나지만, 결국 끝내지 못하는 경우가 많았다.

❷ 대인 관계의 자신감 문제

누군가에게 요청할 일, 거절하거나 넘길 일 등 누군가를 설득해야 하는 일은 주로 미뤄졌다. 처음에 했으면 쉽게 할 일을 미루다 보니 문제가 커지는 식이다.

물론 이 외에도 이유가 많을 것이다. 문제는 일을 못해낸다고 무조건 질책하거나 정신교육을 해대지 말고, 관찰을 통해 어떤 행동이 바뀌어야 할지, 어떤 역량이 키워져야 할지를 알아야 한다는 거다. 한마디로 처방하기 전에 진단해야 한다. 현실은 정반대다.

대부분의 상사는 직원이 결점이 있어 보이면 더 세세히 지시하고, 업무 처리를 감시하고 바로잡는 식으로 피드백을 실시한다. 직원은 그걸 자신을 믿지 않기 때문이라고 해석하고, 그럴수록 노력을 더하는 게 아니라 오히려 덜 한다. 어차피 상사가 인정해주지 않을 텐데 뭐 하러 위험을 감수하느냐는 거다. 이렇게 되면 상사는 역시 문제 있다고 더 확신을 하고 더 많이 관여한다. 그렇게 한번 문제 직원으로 낙인찍히면 실제 낮은 성과를 내게 된다는, 이른바 필패 신드롬The Set-Up-To-Fail Syndrome에 빠지게 된다.

직원을 믿지 못한다는 신호를 주는 행동에는 이런 것들이 있다.

- 지나친 충고
- 아이디어 묵살
- 해결책 강요
- 능력 무시
- 굴복할 때까지 언쟁
- 지나치게 세세한 점검

직원은 의심받는 불리한 입장에 처했다고 느끼면 스스로를 보호하려고 든다. 그래서 정보 공유나 발생한 문제를 상사에게 의논하지 않고 덮고, 상사는 더 샅샅이 추궁해야겠다고 다짐하게 된다. 어떻게 하면 이런 악순환에서 벗어나서 저성과자 직원들에게 새로운 계기를 만들어 낼 수 있을까? **우선 자기 점검부터 하고, 낙인찍기를 멈춰야 한다. 직원에 대한 내 판단이 틀렸을 수도 있고, 직원의 노력이나 능력이 부족한 것만이 원인이 아닐 수도 있다. 오히려 구체적인 관찰 결과를 가지고 피드백해주면서 상사가 조력자가 되어야 한다.**

잊지 말자. 저성과자일수록 개인적인 관계에서 신뢰를 확인하는 것이 첫걸음이다. 자존심 상하게 하지 말고, 그들이 필요로 하는 조력자가 되어보자.

스마트한 피드백의 제1원칙
'관찰'

물론 피드백은 문제 있을 때만 하는 게 아니다. 잘한 것, 개선된 것도 피드백을 해줘야 한다. 어느 대기업 중역의 리더십 코칭을 맡아서 부하 직원들을 인터뷰했더니 그는 직원들로부터 크게 존경받고 있었다. 이유를 물어보았더니 '피드백을 잘해주기 때문'이라는 대답이 많았다. 어떤 상황에서든 자신들을 성장시키기 위해서 솔직하게 조언해준다고 굉장한 신뢰를 보내고 있었다. 이러한 신뢰는 직원이 업무 보고나 회의 시간에 발표하고 토론하는 것을 지켜본 후 개별적으로 짧게라도 피드백을 준 행동의 결과였다.

"재무적 영향에 대한 분석이 날카로워졌어. 전략적 측면에서 성장한 것 같네."

"솔직히 자네 말투는 전문성이 부족해 보이네. 어떻게 보완하면 좋겠나?"

이렇게 피드백을 해주려면 평소 잘 관찰해야 한다. 일의 결과에만 관심을 두지 말고, 직원들이 결과를 만들어내는 방식을 관찰해야 한다. 영업 직원의 실적을 개선하고 싶다면, 실적을 높이라고 압박만 가한다고 성과가 나아지지 않는다. 직원의 시간 관리 습관이나 고객과 관계 맺는 방식, 활동 습관, 상품에 대한 지식수준 등을 잘 관찰해야 한다. 실적은 결과일 뿐, 일하는 방식에 피드백의 초점을 맞춰야 하는 것이다.

예를 들어 "시간이 없어 신규 고객을 발굴하지 못한다고 했는데, 우선순위를 다시 조정해보세." "거절당하는 게 두려우면 영업력은 늘 수 없네. 한 달 동안 20건은 거절당하는 걸 목표로 하고 거기에서 배워 보게." 같은 피드백이 필요하다.

피드백을 하는 것이 관리자의 역할로 정립되고, 피드백이 풍부한 문화가 되면 굉장한 조직 경쟁력 요소가 된다. 경쟁사가 베끼거나 따라 할 수 없는 미묘하지만 결정적인 차이를 가져오는 문화적 요소이다. CEO는 피드백이 풍부한 문화를 만드는 데 노력해야 한다. 심지어 최고 경영팀Top Management Team 중역들조차 자신의 부문에만 책임을 지고 전체의 성과에 무관심한 경우가 적지 않다. 그 결과

타 부문에 대해 진지한 피드백도 없다.

그래서 CEO가 해야 하는 역할 중 하나가 최고 중역들을 하나의 팀으로 구축하는 일이다. 전체성과를 높이기 위해서는 피드백이 자유롭게 행해져야 하기 때문이다.

'반드시 성과가 나는'
피드백, 이렇게 하라!

❶ 피드백 환경을 조성하라

남들 앞에서 공개적으로 말하여 수치심을 주는 것은 가장 피해야 할 일이다. 단 둘이 얘기할 수 있는 조용한 물리적 환경을 만들라. 정서적인 환경도 중요하다. 비난이 아닌 성장을 위한 피드백이라는 점을 분명하게 하여 신뢰의 환경을 조성한다.

중요한 피드백일수록 상대방의 허락을 구하는 것에서 시작하는 게 좋다. "~에 대해 내가 느낀 점을 이야기해줘도 되겠나?" 하는 식으로 허락을 구하라.

❷ 타이밍이 중요하다

대부분 피드백은 즉각적으로 해주는 것이 효과적이다. 다만, 감정적인 상황에서는 타이밍을 늦추라. 감정이 가라앉은 이후라야 이성적으로 피드백을 받아들일 준비가 된다.

❸ 피드백 주제를 구체적으로 정하라

상대방의 인격 전체를 재단하거나 비판할 자격은 누구에게도 없다. "자네는 너무 소심해서 탈이야!"같이 인격을 싸잡아서 규정하는 표현은 삼가야 한다. "남들 앞에서 자기 생각을 더 분명하게 표현하는 게 필요하네."같이 구체적인 행동을 주제로 정하라.

❹ 상대방의 생각을 경청하고 나서 피드백하라

상대방의 상황과 사고방식, 관점을 충분히 파악한 후에 필요한 피드백을 하라. "예산이 부족해서 홍보활동이 어렵다는 거군. 그렇다면 예산이 들지 않는 홍보기법을 개발해보게." "아래 직원이 일을 못해서 그것까지 맡아 하느라 힘들다는 거군. 아랫사람 일을 대신하는 게 아니라, 그 사람이 자기 일을 해내도록 만드는 게 당신 일이네."

❺ 짧게 하라

아무리 좋은 피드백도 길면 효과가 떨어진다. 잔소리처럼 들리고 상사의 훈계가 되어버린다.

❻ 피드백 후에는 실행 계획을 세우게 하고 후속 미팅을 정하라

무엇을 실행할지 의논하고 일정이 표시된 실행계획을 만들어낸다. 크고 추상적인 계획이 아닌 구체적이고 체크하기 쉽게 쪼개진 계획을 만든다. 실행계획이 세워지면 격려해주고, 실행 여부를 점검할 다음 약속 날짜를 잡는다. 상사가 이렇게 관심을 보이는 일은 직원에게도 우선순위 높은 일이 되기 때문에 훨씬 실행력이 높아진다.

3

결정적 순간

이제,
전략적 역량을
발휘할 때다

단순화하라,
관행이라는 습관을 버리고

흐르는 강물을 거슬러 올라가는 연어 떼를 보면 경이롭다. 태어난 곳으로 돌아가도록 프로그래밍되어 있기 때문이다. 본능이다. 경영에서는 대세를 거스르기가 쉽지 않다. 관행을 따르는 게 안전하다고 착각하기 때문이다. 하지만 잘되고 있을수록, 때때로 안이하게 깔고 가는 '밑밥 전략'에 사로잡힌 것은 아닌지 스스로 점검할 필요가 있다.

12

안전지대 밖
변화 감지하기

변화를 맞아 사업을 재구축해야 할 때, 가장 큰 문제는 현재 하는 사업이 돈을 번다는 데 있다. 즉, 현재 돈을 벌어다주고 있는 사업을 포기하지 못하기 때문에 근본적인 변화를 꾀할 타이밍을 놓치고, 변화에 모든 에너지를 모으지 못하고 현상 유지를 하게 된다.

1863년 미국인 프레더릭 튜더Frederic Tudor는 뉴잉글랜드의 연못에서 200톤의 얼음을 채취하여 팔기 시작했다. 당시 얼음은 수송 도중 상낭량이 녹아버리는 어려움이 있었지만, 수산업이나 육가공 업체, 병원과 레스토랑 등지에서 얼음의 수요가 빠르게 늘어난 덕분에 일약 유망 산업으로 떠올랐다. 얼음이 급기야 수출되기에 이르자, 가치를 모르고 방치되었던 얼음을 인기 상품으로 만든 튜더는 변화는 쉬운 일이 아니다. 자신에게 편안한 안전지대에 머물려는 습성 때문이다. 로켓이 발사될 때 대부분의 에너지를 중력이 작용하는 대기권을 벗어나는 데 쓰는 것처럼. 우리도 변화하려면 초기에 자기만의 안전지대에서 벗어나는 데 집중해야 한다.

유능한 사업가로 인정받았다고 한다.

그러나 기술 발전이 곧 뒤따랐다. 몇 년 뒤 뉴올리언스에 제빙 공장이 세워져 인공 얼음을 싸게 공급하기 시작했다. 제빙 기술은 해외로까지 급속히 퍼져나갔다. 얼음 산업에 큰 기술 변화가 일어난 것이다. 이러한 상황에서 당시 얼음 채취 업자들은 어떻게 대응했을까?

그들은 생산성을 높이려 안간힘을 기울였다. 얼음을 규격화하여 채취나 보관, 운송에 용이하게 만들었으며, 얼음 창고를 개량하여 보관 능력을 높였다. 그리고 운송비를 획기적으로 줄이기 위해 여러 방법으로 노력을 기울였다. 하지만 모든 사람의 짐작대로, 생산성 향상으로 승부하기에는 이미 시장은 인공 얼음이 주도하는 것으로 빠르게 변모하고 있었다. 무엇보다 결정적으로, 1차 세계대전 이후 냉장고가 등장하면서 얼음 산업은 역사의 뒤안길로 사라져버리게 된다.

요즘은 변화의 속도가 점점 더 빨라지고 있다. 물론 과거에도 세상은 빨리 변했지만, 오늘날의 변화 속도에는 댈 게 아니다. 이 시대의 비즈니스 정글은 업계를 불문하고 시장 전체가 사라지고 태어나는 빅뱅의 연속이다. 새로운 산업이 기존의 산업을 뒤흔들고, 시장의 판세를 바꿔버린다. 조직 문화와 리더십에 있어서도 변화의 타이밍이 중요하고, 집중적으로 에너지를 기울이는 게 필요하다. 그렇지 않으면, 과거의 관행과 폐단에 입각한 일 처리가, 마치 그런대로 돈을 벌어주는 기존 사업처럼, 별 문제없이 작동되기 때문에 문화는 변하지 않게 된다. 개인의 변화가 수반되지 않는 한, 조직 문화도 변하지 않는다. 그런 의미에서 사람들에게 있어 진정한 변화는 어떻게 가능한지 깊이 생각해볼 문제다.

예를 들어보자. 옳고 그른 것만 따지는 사람이 있었다. 직원들을 무례하게 대하고 상처주는 말로 사기를 저하시킨 것은 본인 기준으로는 열심히 일하는 데 따른 부산물일 뿐이다. 여기에다 대고서 "당신은 이런 점이 바뀌어야 해."라고 지적해봤자 씨알이 먹히지 않는다. 자신은 옳은 일을 했고, 자기처럼 옳게 일하는 사람도 적다고 생각하며, 무엇보다 지적하는 사람보다 자기가 낫다고 생각하니까 말이다.

결국 그 사람은 단순한 '옳고 그름을 따지는 수준'에서 인식이 변화했을 때, 즉 한 단계 높은 기준으로 자기를 성찰했을 때만 변화할 수 있는 게 아닐까. 옳은지 그른지가 아니라, 어떤 리더가 될지, 자신의 행동이 어떤 영향을 미치는지에 대한 자각이 있어야 하는 것이다. 결국 진정한 자기반성이란 그 문제를 일으켰던 인식 수순에서는 어렵다.

아인슈타인은 이런 말을 했다. **"우리가 직면한 심각한 문제들은 그**

것이 발생된 당시의 사고 수준을 가지고는 해결할 수 없다." 맞는 말이다. 우리의 부족한 성품과 역량이 빚어낸 약점들은 그 상태에서는 잘 보이지 않는 것이며, 한 단계 높은 기준에 섰을 때만 그 약점들이 보이기 때문이다.

조직도 개인도 자신이 머물던 안전지대를 벗어나서 새로운 도전을 하는 데는 리스크가 따른다. 얼음 채취업자들이 얼음을 얼마나 효율적으로 채취하고 저가에 운송하느냐에 매달리는 대신, 새로운 영역으로 나서는 더 큰 용기가 필요했던 것처럼, 개인과 조직 문화의 변화도 마찬가지로 용기를 필요로 한다.

매순간 되돌아보고, 들여다보고, 내다보라

그러나 변화는 쉬운 일이 아니다. 자신에게 익숙하고 편안한 안전지대에 머물려는 습성 때문이다. 일단 변화는 불편하고 낯설다. 마치 로켓이 발사될 때 대부분의 에너지를 중력이 작용하는 대기권을 벗어나는 데 쓰는 것과 마찬가지로, 개인이나 조직도 변화를 하려면 초기에 관성과 자기합리화가 작용하는 안전지대에서 벗어나는 데 집중해야 한다.

대기업에서 최고경영진과 변화에 대한 그룹 코칭을 진행할 때, 코치로서 이런 질문을 던졌다.

"우리 조직의 안전지대가 무엇이라고 생각하나요?"

이를 화두로 토의하던 중 매우 통찰력 있는 발언이 나왔다.

"지금 시행 중인 비상경영체제가 안전지대라고 생각합니다."

세계 경제 위기 등으로 경영 상황이 좋지 않아서 기업 전체가 비상경영체제를 가동 중이었다. 전사적인 비용절감 운동에 나섰고, 관리자들이 주말 근무를 하고 있었다. 그런데 그게 정말 조직이 직면한 도전에 대한 날카로운 해답인지를 알 수 없는 상태에서, 근본적인 해결책을 치열하게 고민해야 할 경영 주체들이 비상경영체제를 통해 우리도 뭔가 하고 있다는 자위에 머무르게 된다면 역설적으로 그것이 변화를 가로막는 안전지대가 된다는 정말 통찰력 있는 생각이었다. 그걸 깨닫고 나자 토론은 좀 더 근본적인 해결을 위한 의제로 심화되었다.

어떤 CEO는 '바쁜 일정'이 안전지대다. 쉴 틈 없이 바쁘게 뭔가를 하고 있는데, 그것이 장기적인 성과를 위해 꼭 필요한 우선순위인지는 알 수 없다. 경영자들을 코칭할 때, 바쁘고 긴급해 보이는 일들이 정작 그들이 해야 할 중요한 과제에 집중하는 것을 방해하는 안전지대로 작용하는 걸 자주 보게 된다.

정당이 선거에서 이기는 것도 안전지대다. 권력을 획득하고 나면 국민들의 변화 요구에 부응하려던 절박감은 권력을 안정적으로 지키려는 동기로 변질되기 쉽다. 역설적으로 그럴수록 권력을 지키는 게 어려워지는 데 말이다.

미국의 기업 코치이자 《더 큰 그림을 그려라》의 저자 릭 템린Rick Tamlyn은 안전지대를 다루는 방법을 이렇게 설명한다.

❶ 안전지대를 확인하라

삶에서 조직 운영에서 우리가 놓여 있는 안전지대는 무엇인가?

'우리가 중간은 된다.'는 생각은 탁월해지는 데 방해가 되는 안전지대다.

❷ 안전지대가 어떤 영향을 미치는지 파악하라

예를 들면 조직의 온정주의는 성과 위주 인사제도로 변화하는 걸 가로막는다.

❸ 선택하라

안전지대에 계속 머물지 벗어날지를 선택하는 것은 결국 우리들의 몫이다.

다윈의 《진화론》에는 이런 구절이 나온다.

"결국 살아남는 종은 강인한 종도 아니고, 지적 능력이 뛰어난 종도 아니다. 종국에 살아남는 것은 바로 변화에 가장 잘 대응하는 종이다."

당신과 당신 조직은 어떤 종인가?

변화를 이끌어내는
환경과 구조 만들기

변화에 잘 대응하기 위해서는 선택과 집중이 용이하고, 유연하게 시스템과 프로세스를 바꿀 수 있게 하는 '환경'과 '구조'를 마련하는 것이 중요하다. 다음은 개인이나 조직의 행동을 변화시키는 데 도움이 되는 팁이다.

❶ 가장 중요한 것에 초점을 맞춰라

무엇보다 선택과 집중이 필요하다. 변화해야 한다고 여기는 목표 항목은 많아야 세 가지 이하로 정하고 초점을 맞추라. 돋보기로 빛을 모으면 종이를 태울 수 있듯이 변화를 위한 목표 행동을 분명히 정의하기만 해도 에너지가 생긴다. 영업 담당직원은 '고객 세 명과 매일 통화하기', 정리 정돈 습관을 원하는 사람은 '하루 5분 청소하기', 조직은 '매월 10건의 신규 계약 맺기' 등이 좋은 예다. 변화를 목표로 하는 행동이 애매하고 추상적일수록 변화는 어렵다.

❷ 초기에 의식을 집중하라

로켓이 대기권을 벗어나기 어려운 것처럼 '습성'이라는 중력의 힘은 매우 강력하다. 행동과학자들은 개인의 새로운 습관을 성착시키는 데는 적어도 21일간의 의식적인 노력이 필요하다고 말한다. 조직에도 일정한 시간을 정해놓고 초기 목표를 세워야 한다. 지속적으로 (아마도 흐지부지될 때까지) 노력하자는 표현보다는, 3년 뒤 어떤 목표를 이루기 위해 올해 무엇을 반드시 변화시키겠다는 식으로 시한이 표시되어 있는, 이해하기 쉬운 로드 맵을 만들어야 한다.

❸ 변화를 쉽게 해줄 시스템과 구조를 설계하라

변화 행동에 대한 인센티브나 보상을 마련하여 동기를 부여하고, 정기적인 피드백을 하는 것도 시스템 구축의 일종이다. 구조를 다잡는 일이 꼭 거창한 것만은 아니다. 예를 들어 욕실을 어지럽히는 아이에게 다 쓴 수건은 세탁실에 놓고 새 수건을 가져다놓게 해서 수건을 항상 채워놓게 만드는 것도 구조다.

❹ 변화 행동을 측정하라

현실을 제대로 파악하지 않으면 무엇이든 결코 개선할 수 없다는 말이 있다. 회사에서 경청을 더 하겠다고 결심한 경영자는 비서를 시켜 매일 나누는 대화에서 경청 비중을 기록하게 했다. 놀랍게도 '5 대 5 정도는 되겠지.'라고 생각했던 경청 비율이 기록 결과 8 대 2 정도에 불과했다고 한다. 여기에서 멈추지 않고, 두 달 동안 매일 경청 비율을 측정하자 누구와의 대화에도 50퍼센트 이상 경청하는 습관을 갖게 되었다고 한다. 조직의 변화 사항도 주간과 월간별로 실행 결과를 측정해야 한다. 가능하면 이를 전 직원이 참여하는 스코어보드로 만들어 자주 확인할 수 있는 곳에 게시하는 것이 효과적이다.

❺ 끈기 있게 실행하라

결심이 흐트러졌을 때 다시 시작하라. 한 번의 결심이 실행 도중에 무너졌을 때, 자책하기보다는 새로운 마음으로 그 순간부터 다시 시작하라. 자책이나 무력감은 변화에 아무런 도움이 되지 않는다. 꾸준한 행동은 마치 주가 그래프처럼 전진과 후퇴를 거듭하면서 습관으로 정착된다. 처음 결심한 것이 희미해졌을 때, 그때 다시 시작해야 한다. 코치의 도움을 받을 수 있다면 좋고, 만약 그렇지 못하더라도 동료와 가족, 스스로에 의한 셀프 코칭까지 지원을 받아라.

13

감동은 노하우가 아니라 'WHY'에서 나온다

HRD 분야에서 일해오면서 한 가지 깨달은 게 있다. 강의 준비를 하면서 코칭을 의뢰한 CEO나 임원들에게 어떤 강의를 원하는지 조사하면 실천 사례나 노하우를 알려달라는 응답이 많은 반면에, 강의 후 반응은 사례나 노하우를 얼마나 전달했느냐와는 큰 상관이 없는 경우가 많았다. 강의 평가를 좌우하는 단 한 가지 요소가 있다면 그것은 '얼마나 감동적이었느냐.'는 것이다. 청중은 스스로 의식하지 못하더라도 '감동'을 원한다는 나의 가설은 이제껏 틀린 적이 없었다. 이처럼 감동에는 이성을 뛰어넘어 사람의 마음을 사로잡는 힘이 있다.

무엇이 감동을 불러일으킬까

데이트 자리에 나온 남자가 자기 차와 집을 자랑하면 듣는 사람에게 '계산'을 하게 만들지만 자신이 인생에서 소중하게 생각하는 가치와 꿈을 나누면, 영감을 불러일으킨다. 꼭 위대한 사람일 필요는 없다. 자신이 직면한 삶에 진실하게 맞서는 모습은 그 자체로 큰 감동을 전해준다. 그래서 나는 영화 '그 여자 작사 그 남자 작곡'에 나오는 노래의 한 대목 "I need inspiration, Not just another negotiation.난 영감이 필요해요, 또 하나의 협상 따위가 아니라요."에 너무 공감했고 지금도 좋아한다.

연인에게만 감동을 바라는 게 아니다. 우리는 타인, 조직, 사회로부터도 감동을 원한다. **감동은 노하우에서 나오는 것이 아니라, 이루고자 하는 신념과 이상, 꿈에서 비롯된다. 노하우에서도 배울 게 있지만, 왜 기를 쓰고 어려운 일을 하려고 하는지에 대한 이유, 즉 '왜 WHY'는 차원이 다른 영향을 불러일으킨다.**

어느 권투 챔피언의 스토리도 감동이다. 1942년 미국 켄터키 주 가난한 집안에서 태어난 캐시어스 클레이Cassius Clay. 그는 타고난 재능과 강한 집념으로 권투에서 올림픽 금메달리스트가 되었지만, 당시의 극심한 인종차별에는 금메달도 소용없었다.

"깜둥이한텐 음식 안 파니, 나가!"라는 식당 주인, 금메달을 빼앗

으려는 백인 불량배… 좌절한 그는 오하이오 강에 그토록 자랑스럽게 여기던 금메달을 던져버리고 모든 걸 다시 시작한다. 인종차별이 관행이던 미국사회에 저항하며 이슬람으로 개종하고 개명한 이름이 바로 무하마드 알리였다! 무적의 챔피언이었던 그는 베트남전 징집 거부 등으로 파란을 일으키면서 챔피언 벨트 박탈과 선수자격 정지로 운동을 할 수 없게 된다. 훗날 법원에서 무죄판결을 받았을 때는 이미 30대. 그는 32세의 늙은 복서로서 WBA/WBC 통합 챔피언이자 당대 최강의 선수인 26세 조지 포먼George Foreman과 맞선다. 킨샤사Kinshasa에서 열린 세기의 대결, 전 세계인이 지켜보는 접전 끝에 모든 사람의 예상을 깨고 알리는 승리를 거두었다.

승리의 명장면보다 나를 더 감동하게 한 것은 그즈음 그가 한 말이다.

"챔피언은 체육관에서 만들어지지 않는다. 깊은 내면에서 만들어지는 것이다. 바로 열망과 꿈 그리고 비전이다."

'나는 왜 이 일을 하는가?'의 답부터 찾아라

윌버 라이트와 오빌 라이트 형제는 비록 시골에서 허름한 자전거포를 운영하는 이름 없는 발명가였지만, 하늘을 날겠다는 그들의 열정은 지역 주민들을 감동시켜 후원금이 쌓일 정도였다. 그들은 수 없는 실험과 실패 끝에 1903년 12월 17일 약간의 구경꾼들이 모인 가운데 인류 역사에 길이 남을, 인간이 하늘을 나는 일을 최초로 해낸다. 비행기는 36미터 고도에서 52초간 비행했다.

당신은 왜 지금 그 일을 하는가? 'WHY'가 명료하면 힘들어도 충만감을 느끼며 일하게 된다. 그리고 그것은 자석처럼 다른 사람의 마음도 끌어당긴다. 스스로를 감동시킬 이유를 찾지 못한다면 누구에게 영감을 줄 수 있단 말인가?

그즈음 하버드대 교수 새뮤얼 랭글리 Samuel Langley도 비행을 시도했다. 그는 미 육군성으로부터 거액의 프로젝트 비용을 지원받았고, 최고의 전문가로 구성된 드림팀과 노하우를 공유했으며, 언론의 관심도 대단했다. 하지만 그는 라이트 형제의 비행 소식을 듣고는 며칠 새 모든 걸 그만두어버린다. 랭글리에게는 1등이 되고 싶은 동기밖에 없었기 때문이다. 라이트형제처럼 비행으로 인류를 변화시키고자 하는 신념과 영감이 있었다면 그렇게 포기하지 않았을 거라고, 사이먼 시넥 Simon Sinek은 그의 저서 《나는 왜 이 일을 하는가?》에서 말한다.

왜 그 일을 하느냐고 물으면 명료하게 답하는 것이 생각보다 쉽지 않다. 어떤 이는 돈을 벌기 위해서라고 답한다. 또 다른 이는 돈은 결과일 뿐, 그 일을 통해 자기가 보고 싶은 세상이 있기 때문이라고 말한다. 'WHY'가 명료하면 힘들어도 충만감을 느끼며 일하게 된다. 그리고 그것은 자석처럼 다른 사람의 마음도 끌어낭긴다. 스스로를 감동시킬 이유를 찾지 못한다면 누구에게 영감을 줄 수 있단 말인가?

거꾸로 생각하면 혁신이 보인다

흐르는 강물을 거슬러 올라가는 연어 떼를 보면 경이롭다. 태어난 곳으로 돌아가도록 프로그래밍되어 있기 때문이다. 본능이다.

경영에서는 대세를 거스르기가 쉽지 않다. 관행을 따르는 게 안전하다고 착각하기 때문이다. 하지만 잘되고 있을수록, 때때로 안이하게 깔고 가는 '밑밥 전략'에 사로잡힌 것은 아닌지 스스로 점검할 필요가 있다.

애니메이션 영화사 픽사Pixar의 CEO 에드 캣멀Ed Catmull은 밑밥 전략을 과감히 거부하고, 관행을 거스른 사람이다. 보통 할리우드 영화사들은 제작비를 낮추기 위해 전력을 다한다. 싼 값에 인력을 쓰고, 계약직을 고용하며, 비용 통제가 심하다. 캣멀은 이와 정반대로 일했다. 경영진이 비용에 일체 관여하지 않았다. 제작비를 줄여야 하는 건 제작부서도 잘 알고 이미 노력하고 있기 때문이라는 것이었다. 그 대신 한편이라도 정성을 기울여 최고의 영화를 만들라고 주문했다. 인력도 100퍼센트 정규직으로 고용했다.

그 결과 디즈니가 '라이언 킹' 이후 히트작 없이 10년을 보내는 동안 픽사는 '토이 스토리' '몬스터 주식회사' 등 연속 히트를 기록했고, 할리우드의 영화 성공률이 평균 15퍼센트일 때 픽사는 100퍼센트의 흥행 기록을 세웠다. 그 이후 회사가 디즈니와 합병되고 나서도 캣멀은 사장을 맡는다. 당시 디즈니는 재무팀이 제작팀을 통제하면서 끊임없이 전쟁을 벌이고 있었는데, 그걸 본 캣멀 사장은 상상을 뛰어넘는 해법을 낸다. 재무팀을 아예 없애버린 것. 결과는 어땠을까?

당시 평균 영화 제작비는 편당 1억 5,000만 달러였는데, 캣멀이 주도한 애니메이션 '라푼젤'은 2억 6,000만 달러를 썼다. 하지만 5억 9,000만 달러의 흥행 수입을 올린다. 그 뒤를 이어 역사상 최고의 흥행작 '겨울왕국'을 만들어냈다. 거꾸로 경영의 결실이었다. 가장 창의적이고 혁신적이어야 할 영화사에서 통제식 관리가 위기 요인이라고 생각하고 정반대로 끌고 간 것이다.

한편으로 전 세계에 지식 강연의 지평을 넓힌 TED 콘퍼런스TED Conference는 어떻게 우리에게 다가왔을까? 테드의 실질적 CEO이자 큐레이터인 크리스 앤더슨Chris Anderson은 기자 출신으로 미디어 기업을 만들었다가 실패한 전력이 있는 인물이다. 그는 당시 청중 800명을 모아놓고 강연하던 TED 콘퍼런스를 600만 달러에 인수했는데, 강의를 인터넷에 무료로 공개한다는 도발적 결정을 내린다. 일인당 참가비 4,400달러인 유료 콘퍼런스였기 때문에 유료 고객의 항의가 예상되었다. 그러나 실험적으로 일부 강의를 무료 공개해보자, 반응은 놀라웠다. 확산 속도도 상상 이상이었다. 이걸 본 그는 아예 조직을 바꾸어 인터넷 중심의 강연으로 변화시킨다. 무료 공개 후 유료 콘퍼런스는 참가비가 올랐는데도 티켓이 매진된다. 과감한 무료 공개 결정이 지금 우리가 TED를 알고 즐길 수 있게 만든 단초였다.

《콘트래리언》의 저자 이신영은 이런 사람들을 콘트래리언이라고 부른다. '다수의 입맛에 맞지 않고 인기가 없더라도 대세와 정반대의 포지션을 취하는 사람'이란 뜻이다.

뉴욕 메트로폴리탄 오페라단의 피터 겔브Peter Gelb 사장도 콘트래리언이다. 그가 단장으로 부임했을 때 티켓 판매율은 저조했고 매출은 정체되어 적자 행진 중이었다. 그는 과감히 관행을 거스르는 발상을 했다. 바로 '싼 값에 많은 사람이 오페라를 볼 수 있게 하자.'는 것. 오페라 공연을 전 세계 극장에 생중계하는 실험을 감행한 것이다. 그 결과 소수의 애호가들이나 즐기던 오페라를 64개국 1,900개 영화관에 생중계하여 25만 명이 동시에 보았다. 그것도 단돈 22달러로!

그 이후 7년간 메트로폴리탄 오페라단의 누적 관객은 1,700만 명이라는 상상조차 할 수 없었던 숫자로 늘어났고, 경영은 흑자로 전환했다. 메트로폴리탄 오페라단에서 좌석 안내원 아르바이트를 하기도 했던 피터 겔브는 "예술하는 사람의 가장 큰 실수는 수준 높은 예술은 상류층만 소비하도록 제한되어야 한다고 생각하는 것."이라고 하면서 아무리 수준 높은 예술도 대중과 연결되지 않으면 무용지물이기 때문에, 자신은 기꺼이 포퓰리스트, 즉 예술을 대중에게 연결하는 사람이 되고자 한다고 말한다.

어떻게 관행에서 벗어날 것인가? 어떻게 타인을 감동시킬 '나만의 아이디어'를 떠올릴 것인가?

동료, 친구들과 다른 방식으로 일하는 건 쉽지 않다. 그래도 자신의 생각이 가진 힘을 믿고 실험하고 도전해야 한다. 그리해야 새로운 경지의 성공을 맛볼 수 있다. 관행의 덫에 사로잡힌 채 저성장의 늪에서 허우적거리는 위험을 감수하지 않아도 됨은 물론이다.

14

결국 답은
'사람' 안에 있다

"우리 팀 직원들의 업무 태도도 그렇고 자질이나 실력이나 무엇 하나 마음에 차지 않습니다. 저도 회사에서 요구하는 결과를 내야 하잖아요? 상사가 기대하시는데 팀이 너무 부족하니까 매일 스트레스를 받고 있어요. 아직 40대인데 불면증까지 시달리는 중입니다."

이렇게 하소연하는 팀장이 있었다. 그의 휘하에 있는 팀원들에게 물어보니 이렇게 대답했다.

"우리 팀장님요? 물론 훌륭하시죠. 우리들 누구보다도 열심히 하시는 거 인정합니다. 하지만 진짜 일을 잘하시는 건가 싶어요. 보고서만 해도 핵심 내용보다는 깨알 같은 형식에 왜 그렇게 집착하시는지 모르겠어요. 글자 크기, 자간 이런 거 가지고 몇 번이나 지적당하고 나면 정말 자괴감이 듭니다. 일이 좀 늦어지면 죽을 듯이 푸시만 하시니까 무서워서 말을 안 하게 됩니다. 안 되는 일을 말씀하셔도 앞에서는 '알겠습니다.' 하고 나오는 거죠. 물론 우린 그 일이 될 리 없다는 거 미리 압니다. 말을 안 할 뿐이죠. 나중에야 일이 안 되었다고 또 깨지죠. 제대로 된 사정은 들으려 하지 않으시고, 자꾸만 화를 내시니 저희도 답답합니다."

팀장은 누구보다 열심히 일하고 있었다. 보통 출근도 2시간 먼저, 주말 근무는 당연했고 점심을 먹을 시간조차 부족해서 샌드위치나 김밥으로 때우며 일하는 경우도 많았다. 업무 추진력은 뛰어났지만 리더십 문제로 고민에 빠져 있었다. 그는 조급하게 밀어붙이거나 모욕적이고 강압적인 언행 때문에 원성이 자자했다.

그에게 질문을 던지며 하나하나 정리를 해나갔다.

"팀장님 전체 커리어에서 지금 시점은 어떤 의미가 있을까요?

지금 단계에서 배워야 할 것이 무엇이라고 생각하세요?"

지금은 실무자에서 벗어나 리더로서 사람들을 어떻게 동기부여하고 이끌어낼 수 있는지 이른바 '피플 스킬'을 배워야 할 것이라는데 결론이 이어졌다.

"이 회사에서의 성공이란 무엇인가요?"

하나하나의 일에 최선을 다해서 조직이 성장하는 데 기여하고 자신도 인정받는 것이었다. 커리어목표도 세웠다.

"팀원들에게 어떤 리더로 기억되고 싶습니까?"

이 부분은 좀 더 시간이 필요했다. 본인이 경험한 리더들 중에서 롤 모델이 될 만한 분에 대해 얘기를 나누고, 어떤 점이 존경스러웠는지, 그로부터 받은 영향이 무엇인지를 함께 탐색하고 나서 본인이 원하는 리더상을 간단히 정리할 수 있었다.

"조직이 당면한 도전은 무엇이고, 거기에 어떤 기여를 할 수 있다고 생각하시나요?

팀장은 이 질문의 답을 곰곰이 생각해보더니, 중요한 것이 무엇인지 확실히 알겠다고 했다. 특히 중요했던 것은 자신의 성장과 구성원의 성장이 연계되어 있고, 이를 만들어내는 것이 현 단계에서 가장 중요한 초점이라는 것이었다. 조직이 막 명실상부한 글로벌 회사로 부상하는 게 중요한데, 지금은 자신이나 구성원이나 과거 방식대로 답습을 하며 열심히만 하고 있을 뿐 성찰을 통해 필요한 발전을 체계적으로 이루지 못하고 있다는 자각도 있었다.

결론적으로 지금부터라도 모든 것을 혼자서 다 하려고 하지 않고, 눈에 보이는 대로 일일이 지적하지 않고, 직원들의 이슈에 참견하는 태도를 내려놓기로 했다. 가장 중요한 영향을 미치는 활동에만 효과적인 반응을 보이며 리더십을 발휘하기로 정리했다.

그런 다음 팀장이 그렇게나 마음에 들지 않아 했던 팀원들의 문제를 다루었다. 나는 그에게 '팀원들이 가진 장점은 무엇이고 부족한 점은 무엇인지'를 정리해보도록 요청했다. 팀원들 하나하나, 그리고 팀 차원에서 이 분석 작업을 해보면서 많은 것들을 발견해낼 수 있었다.

그 후 팀원 몇 사람과의 면담을 통해 '피드백을 주고 발전 계획을 세우도록' 코치 역할을 팀장 스스로 해보도록 했다. 그 과정에서 팀장은 자신이 일방적인 가정에 빠져 오만한 판단을 하고 있다는 것, 그리고 그것이 현재 팀 전체가 처한 문제의 일부임을 파악했다. 리더십 코칭 과정에서 극적인 전환이 일어났고 팀장의 행동은 눈에 띄게 변화했다. 팀원들이 "무슨 약을 먹은 게 아니냐."고 뒤에서 말할 정도였다.

일선에서 크고 작은 문제에 봉착했을 때 빨리 문제를 해결하고 자신을 입증하고 싶은 유혹이 있겠지만, 해당 직원의 문제나 쟁점의 해결에 급급하기보다는 어떻게 하면 그 과정에서 직원이 성장할 수 있을지에 초점을 맞춰야 한다.

성과를 높이고 싶다는 이슈를 다룰 때, 어떤 수준의 성과를 달성해야 하고(목표), 어떻게 달성할 수 있는지(방법, 전략)를 나눠 응급 처방식으로 바로 조언에 들어가는 리더는 '중수'다. **'고수 리더'들은 부하 직원들에게 성과를 내는 것이 커리어와 삶에서 어떤 의미를 갖**

는지 분명하게 전하며, 성과를 통해 진짜 얻고자 하는 것이 무엇인지를 성찰하게 만든다. 이런 코칭을 통해 조직 구성원 전체가 진정한 동기와 열정을 갖게 된다.

우리는 문제가 발생했을 때 흔히 문제 자체를 해결하는 데 골몰하기 쉽다. 하지만 훌륭한 리더들은 이슈 자체만이 아니라 그 뒤에 있는 '사람' 요소를 본다. 사람은 누구나 독특한 존재이고, 가치관과 성품이 다르며, 나름의 삶의 역사를 가지고 있기에, 같은 이슈라도 맥락은 완전히 다르다. 이를 깊이 이해하면, 영업성과를 높이려는 직원을 이끌 때 영업 방법만을 가르치는 건 아주 초보적인 리더십임을 알 수 있다.

직원이 현재 어떤 상태에 있는지, 어떤 사람이 되고 싶은지, 성과 내는 것이 자기 삶에 어떤 의미를 지니는지, 즉 이슈 자체가 아니라 사람에 초점을 맞출 때 깊이 있는 코칭이 된다.

'문제' 그 자체보다 '삶'을 보게 하라

한번 상상해보자. 당신 곁에 실수가 잦은 직원이 있다고 치자. 고객 담당인데 주문 사양을 꼼꼼하게 체크하지 못해서 제작 사고가 빈번하게 일어날 정도다. 고객 항의는 물론 제작부서나 팀장에게 여러 차례 주의를 주라고 지시했지만 개선이 잘되지 않는다. 주문이 복잡하고, 표준화되지 않은 사양에 대한 요구도 많아서 심지어 어떤 내용은 채 이해하지 못한 채 제작부에 전달하는 정도다.

자, 당신이라면 실수가 잦은 이 직원을 어떻게 이끌겠는가? 이 직원의 상사는 어떤 지시를 내려야 하겠는가?

'하수' 리더는 실수 많은 직원을 이렇게 이끌기 시작한다.

"고객이 주문하면 잘 적어두고, 체크리스트 항목을 보고 또 보면서 점검하란 말이야. 주문서 사양 작성 후에도 확인 꼭 받고. 기억에만 의존하니까 실수가 계속 나오잖아. 그리고 원래 그렇게 덜렁대나? 꼼꼼한 성격이 아니면 여기선 일 감당 못해! 제작 넘겨만 놓고 넋 놓고 있지 말고, 바빠도 시간 내서 중간 점검을 꼭 하게. 바쁘다는 핑계로 챙기지 않으면 엉뚱한 데서 사고가 꼭 난다고! 알았나? 처음부터 잘하는 사람이 어디 있나, 다 내가 말한 대로 하면 돼. 알겠지?"

하수는 나름대로 중요한 포인트를 가르쳤다고 생각하지만, 이런 리더십은 효과가 극히 적다. 우선 일방적으로 조언만 하다 보니 정작 당사자가 느끼는 진짜 문제가 무엇인지, 어떤 어려움이 있고 어떤 시도를 해보았는지를 경청하지 않는다. 자기 경험에 의존해서 훈계만 한다. 부하는 앞에서는 고개를 끄덕거리긴 하지만 과연 속으로도 그럴까? 답답하고 억울한 마음이 가득할 것이다. 상사가 훈계할 때 직원들이 가장 많이 생각하는 게 뭔지 아는가?

'내가 지금 그걸 몰라서 그러는 게 아니에요.'다.

'중수' 리더는 달랐다. 그는 일처리 능력이 떨어지는 직원에게 일방적으로 훈계나 조언을 할 것이 아니라, 스스로 고민하면서 답을 찾게 만들어줘야 한다고 생각한다. 그래서 질문을 통해 스스로 깨닫게 해야, 물고기 잡는 법을 알려줄 수 있다고 생각한다. 중수는 이렇게 조언을 시작했다.

"어떻게 하면 실수를 줄일 수 있을까?"

"그동안 어떤 노력을 해봤나? 효과가 있었던 것은 무엇이고, 없었던 것은 무엇인가?"

이렇게 열린 질문을 하자 직원도 대답을 하고 상사도 아이디어를 더해주면서 대화가 이어졌다. 문제는 잘 모르는 제작 용어를 그냥 넘기고 있고 바빠서 체크하지 못하는 것이었다. 모르는 용어를 반드시 메모했다가 선배에게 물어보고, 제작 부서에 주 1회 확인하기로 정했다.

그런데 시간이 지나도 직원은 동기부여가 되지 않고 뭔가 주눅이 든 느낌이었다. 본인이 챙겨야 할 과제만 늘어났다는 생각에서였다. 중수 리더는 '업무 실수'라는 '해당 문제'만 해결하려 들었기 때문이다.

반면에 '고수' 리더는 이렇게 질문을 했다.

"우리 회사에서 어디까지 올라가고 싶은가?"

"생각해보게. 지금 이 직장에서 성공하는 것이 자네 인생에서 어떤 의미가 있나?"

이 질문에 직원은 눈을 빛내며 대답하기 시작했다.

"사실 제가 이 회사를 얼마나 들어오고 싶어 했는지 모릅니다. 제 종교가 기독교인데 금식 기도를 할 정도였죠…. 여기서 정말 성공하고 싶습니다. 조직에서 인정받는 사람이 되고 싶고, 없어선 안 될 존재가 되고 싶습니다."

그는 신나게 얘기하는 직원을 보면서 질문을 했다.

"열정이 정말 대단하네! 그런 비전을 향해 가는 길에 지금 작은 장애물을 만난 셈인데, 어떻게 해보겠나?"

잠시 멈칫한 직원은 이런 말로 상사를 감동시켰다.

"밤 새워서라도 시정해야죠! 말을 하다 보니 제가 뭐가 부족했는지가 느껴지는 것 같습니다. 바로 열정이네요. 시야가 뻥 뚫리는 것 같습니다. 고맙습니다!"

무엇이 직원의 태도 변화를 가져오게 했을까? 간단한 질문으로 내적 전환을 일으킨 다른 사례를 살펴보자.

모시고 사는 시어머니가 치매 증상이 막 시작되자 혼란스러워하는 부인이 있었다. 전문직 여성으로 바쁘게 사는 분이다. 문제에 당면하자, 즉각적으로 '앞으로 어떻게 모시나, 시설을 알아봐야 하나, 형제들에게 고통 분담을 청할까?' 하는 고민에 빠졌다.

내가 이런 질문을 했다.

"시어머니는 당신 인생에 어떤 분입니까?"

이 질문에 갑자기 눈물을 펑펑 쏟던 부인이 말했다.

"제가 전문직으로 지금까지 일을 다닐 수 있는 건 실은 시어머니 덕분이었죠. 결혼 초부터 집안일 다 해주시고, 두 아이를 다 키워주셨어요. 25년이나…"

이 말을 하면서 그에게 어떤 내적 전환이 일어났을지는 상상에 맡기기로 한다. 적어도 이슈나 문제 해결만이 아닌 '자신이 어떤 존재이어야 하는지'로 성찰이 확대되었던 것은 분명하다.

같은 이슈라도 배경은 완전히 다르다. 이슈를 해결해서 궁극적으로 얻고자 하는 것이 무엇인지, 어떤 의미가 있는지를 성찰하면서 그 사람은 스스로 해결책을 찾고 진정한 성장을 할 수 있다. 삶에서 가치 있게 생각하는 것, 되고 싶은 모습, 진정 원하는 것 등 내면의 정신에 동기를 부여하며 존재에 연결되는 영역으로 나아갈 때 리더십은 비로소 심화되고, 그 사람 자신의 것이 된다.

15

끈질기고 우직한
고슴도치처럼

머리를 잘 굴리는 영리한 여우의 전략보다, 단순하지만 중요한 요소를 끈질기게 추구하는 고슴도치 전략이 결국 이긴다는 얘기는 짐 콜린스의 《좋은 기업을 넘어 위대한 기업으로》에 소개되는 내용이다. 여우같은 사람은 수많은 방법들을 이리저리 써보지만 그것들을 하나의 통합된 개념으로 이끌지 못한다. 고슴도치 같은 사람들은 복잡한 세상을 하나의 조직화된 개념이나 통합적인 비전으로 해석하고 그에 따라 나른 것들을 꿰뚫어간다.

스티브 잡스와 그의 회사 애플컴퓨터에게는 '미치도록 위대한 insanely great' 제품을 내놓는 것이 존재 이유이자 정체성이었다. 그 외의 것은 부차적이었다. 그래서 잡스는 자기보다 사업적으로 훨씬 본질에 집중하는 일은 평범한 조직이 위대한 것을 이루는 비결이다. 끈질기게 남다른 고슴도치 콘셉트의 결과물을 내놓아라. 처음엔 작아 보이던 결과도 계속 쌓이면서 브랜드가 되고, 업적과 평판이 되며, 나중에는 개인과 조직의 정체성이 된다.

크게 성공한 마이크로소프트의 빌 게이츠가 '빌 앤 멜린다 재단'을 세워 자선사업에 힘쓰자, "그 친구는 그거라도 해야겠죠….."라고 하면서, 제품 개발에 대한 열의를 잃은 빌 게이츠는 단지 비즈니스맨일 뿐이라고 비아냥거릴 정도였다.

본질에 충실하면 심플해진다. 스티브 잡스는 심플함의 힘을 느꼈고, 단순해지는 것이 복잡함보다 훨씬 어렵다는 걸 잘 알았다. 복잡한 위계질서나 형식적인 회의, 시간 낭비를 거의 혐오했던 그는 대화에서는 냉혹할 정도로 솔직했다. 아이팟, 아이폰, 아이패드로 이어지는 브랜드 이름과 디자인 정체성, '다르게 생각하라Think Different' 광고 시리즈를 보면 애플이 세상에 전하고자 하는 게 무엇인지를 느낄 수 있다. 이런 애플의 정신은 곳곳에 표현된다.

예를 들어 노트북 사러 홈페이지에 들어간다고 해보자. 애플은 아주 간단하다. 맥북 에어와 맥북 프로 두 모델이 있는데 둘 중 하나를 정한 다음 모니터 사이즈와 하드용량을 정하면 끝. 하지만 D사나 H사의 홈페이지에 들어가면 보통 20가지 이상의 노트북 모델이 여러 페이지에 걸쳐 복잡하게 소개되어 있고 중복되는 기능도 많다. 판매 사원조차 제품 모델이 왜 이렇게 많아야 하며, 누구에게 무엇을 권해야 하는지 잘 모르는 채로 말이다.

얼마 전 한양대 홍성태 교수의 브랜드 마케팅 강의를 들었는데, 거기서 내가 배운 결론도 고슴도치 콘셉트로 연결되었다. 우리가 하는 모든 비즈니스와 활동이 브랜딩 과정이며, 그렇기 때문에 사람이나 상품이나 조직이나 정말 내세우고 싶은 것을 분명히 한 다음, 끈질기게 지속적으로 노력하여 쌓아가라는 것이었다. 일단 쌓이면 브랜드는 굉장한 가치를 가져오기 때문이다.

본질에 충실하게 중요한 몇 가지에 집중할 수 있는 고슴도치 콘셉트는 평범한 사람, 평범한 조직이 위대한 것을 이루는 비결이기도 하다. APAC 콘퍼런스 참석차 내한한 캐서린 홀츠 박사는 코치 및 대학원생들과 만난 사전 세미나에서 코치들에게도 고슴도치 콘셉트를 가지라고 당부했다.

고슴도치 콘셉트를 만드는 것은 3가지 요소의 교집합이다.

첫째, 우리가 열정을 가진 대상
둘째, 내가 유니크할 수 있는 것
셋째, 가치를 더할 수 있는 것

이를 각각 원으로 그려서 3개의 원이 중첩되는 가운데가 우리가 집중할 영역이라는 것이다. 그럴 때, 우리는 그 분야에서 세계적인 수준이 될 수 있다는 말과 함께.

그 이후 필요한 것은 끈기일 것이다. 처음엔 작아 보이던 결과도

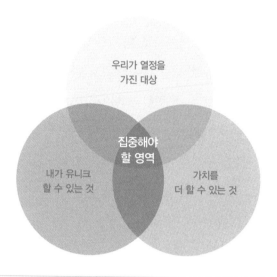

계속 쌓이면서 브랜드가 되고, 업적이 되고, 평판이 되며, 나중에
는 개인과 조직의 정체성이 되는 것이니까.

　결국 현명한 리더라면 당위성을 훈계하는 데 쏟던 에너지의 일부
를 어떻게 하면 변화를 촉진하는 환경과 시스템을 만들지 고민하는
데 써야 한다. 창의적인 조직 문화를 만들려면 창의성이 필요하다
고 교육하는 것만으론 부족하다. 자연스럽게 인문학적 사고를 접할
수 있는 북 카페를 운영하거나 다른 부서, 다른 분야의 사람과 교류
하면서 자기 고민을 오픈할 수 있는 안전한 공간을 만드는 것 등 창
의적인 사고를 할 수 있는 시스템을 마련하는 것도 한 방편이다.

혁신적인 결과는 '몰입'의 순간 나온다

라이트 형제는 처음으로 비행기를 생각해낸 사람도, 처음으로 비행기를 만든 사람도 아니었다. 오하이오 주의 자전거 상점에서 일했던 이들은 자전거 탈 때 핵심이 균형인 것처럼, 비행기의 본질이 띄우는 데 있는 게 아니라 균형 잡기라고 보았다. 그들은 새들이 어떻게 균형을 잡는지를 연구하고 기계적으로 실현하면서 무려 300여 개의 비행기 모형 제작과 5,000번에 이르는 실험을 한 끝에 마침내 하늘을 날 수 있었다.

"라이트 형제는 하늘로 날아간 것이 아니라, 한 걸음씩 하늘로 걸어간 겁니다."《창조의 탄생》의 저자 케빈 애슈턴Kevin Ashton의 말이다. 뭔가 가치 있는 걸 만들어내려고 한다면, 한 걸음씩 계속 나아가는 '끈기'와 '몰입력'이 필요하다.

어렸을 적 재미있는 책에 빠져 읽느라 어머니가 잘 지켜보라고 하신 밥이 다 타버려서 혼난 적이 있다. 아마 대부분 비슷한 기억이 있을 것이다. 미하이 칙센트미하이Mihaly Csikszentmihalyi가 말하는 '몰입flow'의 증상이다. 사람이 뭔가에 몰입하면 시간에 대한 인식도, 자신에 대한 자의식도 없어지고, 몸의 감각도 희미해진다. 어떤 주제에 홀딱 빠져서 좀 일하고 났더니 자기도 모르는 새에 몇 시간이 훌쩍 지나 있더라는 것이 몰입의 체험이다.

오늘날 업무 환경에서 가장 결핍하기 쉬운 것이 몰입이다. 잦은 전화와 이메일, 메시지, 카톡, SNS, 웃기거나 교훈적이거나 감동적인 글과 그림과 동영상 등 실은 이런 것들이 끊임없이 우리를 산만하게 만든다. 혹자는 이런 환경 때문에 멀티태스킹 능력이 필요하다고 하지만, 업무의 질은 떨어지기 쉽다. 형식적인 보고서, 과거의 틀을 답습한 제안서, 얕은 지식들의 조합인 기획서…. 고민도 정성도 부족한 업무 결과물이 멀티태스킹의 산물이다. 그래서 일을 하는 게 아니라, 일을 해치우고, 일을 쳐내고, 일을 '팬다'는 표현까지 쓴다.

하지만 이전에 없던 혁신적인 결과는 '몰입'하는 순간 비로소 나온다. '몰입'하는 순간이야말로, 조직에서의 결정적 순간인 셈이다. 지식 노동자의 생산성도 몰입했을 때 높아진다. 육체 근로자들과 달리 지식 노동자는 지식을 연결하고 정리하며 성과를 내야 하기 때문이다. 양이 아닌 질이, 효율성이 아닌 효과성이 높아야 한다. 어느 기업 회장은 최근 임원들에게 매일 아침 30분간 아무것도 하지 않는 '멍하니 있는 시간'을 갖도록 주문했다고 한다. 멍한 시간이 낭비가 아니라, 자연스럽게 마음 속 아이디어들이 떠오르고 연결되고 숙성되는 시간이기 때문이다.

그렇다면, 우리는 어떤 때에 몰입할까? 쉬운 일이 아닌 역량에 비해 조금 도전적인 일을 할 때, 조직에서 중요한 일을 할 때, 개인적인 가치가 있거나 좋아하는 일을 할 때 몰입이 된다. 일 자체에 순수한 마음으로 임할 때 창의적인 생각도 솟는다. 일의 결과로 보상이나 인정이 주어지지만, 거꾸로 경제적 보상과 인정을 위해서만 일한다면 우리는 진정한 일의 주인이 될 수 없다. 일 자체를 즐기고 성취감을 맛보는 내재적 동기는 인센티브나 상사의 칭찬 같은 외재적 동기보다 더 강력하다. 그 예로 제안 제도를 들 수 있다. 많은 기업들이 직원 제안 제도를 정착시키기 위해 각종 인센티브나 마일리지제도, 시상 제도, 심지어 패널티까지 많은 제도를 실시하지만 지속적으로 잘 실행되는 기업은 드물다. 제안 제도를 성공적으로 정착시킨 회사의 비결이 무언지 아는가? 그건 바로 제안된 아이디어를 시행한 것이었다. 사람들은 자기가 제안한 것이 현실화되어 나타나는 것에 가장 큰 동기를 가졌던 것이다.

또한 우리는 시간이 부족한 상황에서 뭔가를 이뤄내야 할 때 더욱 몰입하게 된다. 사람들은 시간이 남아돌면 게을러지고 시간을 더 허비하는 경향이 있고, 바쁠수록 다른 일도 더 능동적으로 처리한다. 원래 바쁠 때 더 창의적이 되고, 도저히 시간이 없을 때 새로운 일을 더 많이 벌이게 되는 법이다. 따라서 조직은 구성원의 몰입을 위해서 시간을 잘 쓸 수 있도록 지원을 아끼지 말아야 한다. 잘게 쪼개진 자투리 시간들은 지식 노동자에게 무용지물이다. 어느정도 뭉텅이 시간을 확보해야 한다. 기계에 예열이 필요한 것처럼 몰입하는 데 시간이 걸리기 때문이다. 그래서 잦은 회의나 빈번한 상사의 호출은 타인의 몰입을 방해하는 것이라는 인식을 가지고 구성원의 시간을 존중해줘야 한다.

개인적인 차원에서도 몰입을 위한 장치가 필요하다. 멀티태스킹을 줄이고, 현재 일에 집중할 수 있는 집중력을 길러라. 평온한 마음을 유지하려고 노력하라. 어떤 일을 하면서 정신은 다음에 일어날 일에 가 있고, 가상의 것을 걱정하느라 현재에 집중하지 못하는가? 가장 좋은 방법은 일과 일 사이에 경계를 분명히 설정하는 것이다. 다음 일은 그때 가서 충분히 대처할 수 있다고 스스로 자신감을 가지고 일단 스위치를 꺼두라. 현재 일에 몰입하여 매듭짓고 나면 더 좋은 상태로 다음 일로 몰입할 수 있다.

16

단순화하라,
관행이라는
습관을 버리고

인생이건, 일이건 잠시 멈춰 서서 미래를 준비하는 시간이 필요하다. 축구 경기로 치면 하프타임이다. 전반전을 평가하고, 휴식하고, 후반전의 승리 작전을 짜는 것이 하프타임에서 이루어진다. 일과 삶의 하프타임에는 더 많은 걸 벌이려고 하기보다 가장 중요한 것이 무엇인지 숙고하고, 그것에 초점을 맞추며 나머지는 버리는 단순화 전략이 필요하다.

단순화하는 데서 에너지가 나온다. 집중해야 할 목표가 분명한 한두 가지면 거기에 매진하기가 쉽다. 스티븐 코비는 《실행력을 높이는 4가지 원칙4 Disciplines of execution》에서 실행력 향상의 전문가들은 "업무에서 이루고자 하는 목표가 많을수록 달성률은 떨어진다."는 사실을 조사로 입증했다. 즉, 자신의 업무 목표가 11~20개라고 말한 사람은 탁월하게 달성한 목표가 하나도 없었다. 4~10개인 사람은 그중 1~2개의 목표를 탁월하게 달성하였고, 목표가 2~3개인 사람은 그 2~3개를 모두 탁월하게 달성했다는 것이다. 결국 탁월하게 목표를 달성하고 싶으면, 집중해야 할 2~3가지로 명쾌하게 좁혀야 한다는 말이다. 더 나아가서 오직 하나에만 집중하라는 주장을 하는 사람도 있다. 《원 씽》의 저자 게리 켈러Gary Keller는 모든 것을 다 잘하려고 애쓸 때 자기 인생이 망가졌고, 가장 중요하다고 생각한 단 한 가지를 잘하는 데 집중하자 삶의 모든 면에서 상상할 수 없었던 좋은 결과를 얻었다고 경험담을 말한다.

가령 부채가 많은 상황을 생각해보자. 경제적으로 곤궁해지면 갚아야 할 빚도 한둘이 아니다. 지인에게 빌린 돈, 연체된 대출 상환금, 밀린 아파트 관리비, 신용카드 대금, 가스 요금이나 신문 대금 등등…. 어느 것부터 갚는 게 좋을까? 이성적으로 생각하면 돈을 모아서 연체이자가 높은 것부터 갚는 것이 합리적으로 보인다. 하지만 인간 심리를 아는 행동과학자들은 정반대의 조언을 한다. 일단 모든 부채를 큰 것부터 작은 것 순서로 빠짐없이 기록한 목록을 작성하도록 한다. 그런 다음 가스 요금 같이 목록의 맨 아래에 있는 가장 작은 부채부터 갚게 하고, 갚으면 그 항목에 선을 그어 지우라고 한다. 왜 그럴까? 작은 부채 목록을 지워나가는 행동이 자신감과 희망 같은 긍정적인 정서를 갖게 해주고, 그것은 생활의 절제 등에 좋은 영향을 주기 때문이다.

개인이나 조직이나 단순화하려는 노력이 필요하다. 정말 중요한 것은 길지 않다. 핵심 아이디어, 핵심적인 전략, 핵심적인 소구점은 길 필요가 없다. 핵심에 자신이 없을 때, 갖은 자료로 보충하고 포장하는 것이다.

도미노가 차례로 다음 도미노를 쓰러뜨리는 걸 보면 에너지의 힘을 느낄 수 있다. 물리학자 론 화이트헤드Lorne Whitehead에 의하면 한 개의 도미노는 자신보다 1.5배가 큰 것도 넘어뜨릴 수 있는 힘을 가진다고 한다. 순차적으로 에너지가 축적되면서 처음에 세운 조그만 도미노가 순식간에 엄청난 움직임을 만들어내고 나중에는 상상할 수 없는 큰 것도 무너뜨리게 된다. 만약 우리의 에너지와 시간을 그렇게 쓸 수 있다면 어떨까?

모든 것을 다하려 애쓰지 말고, 순차적으로 접근하지도 말고, 산술적인 균형에 집착하지도 말고, 삶에서 집중할 한 가지 테마를 정하고 몰입하면 분명히 결과도 달라질 것이다. 돋보기로 초점을 맞추면 햇볕이 종이를 태울 수 있듯이, 우리의 시간과 에너지를 핵심 목표에 정확히 조준한다면 거기엔 반드시 성과가 나온다는 말이다.

그렇다면 어떻게 시간과 에너지를 핵심 목표에 정확히 조준하여 쓸 수 있을까? 대부분의 리더들은 한정된 시간에 산적한 중요 업무들을 처리해내야 한다. 이럴 때 유용하게 쓸 수 있는 시간관리 도구가 바로 '우선순위 매트릭스'다. 이 매트릭스의 가로는 긴급성에 따

〈우선순위 매트릭스〉

		긴급성		
		즉시 처리		2~3개월
중요도	A	신규 고객 제안	콘퍼런스 개최	잠재 고객 데이터
	B	팀 워크숍 점검	주문 프로세스 개선	홈페이지 개선
	C	3분기 매출 예측		업계 협력

라 즉시 처리해야 할 업무와 2~3개월 내에 처리해야 할 업무, 이렇게 두 칸으로 나뉘어 있다. 세로는 중요도가 높은 순서에 따라 두 칸으로 나뉘어 있어서 총 4개의 칸이 생겨난다. 너무 많은 목표가 머릿속을 어지럽히고 있다면, 포스트잇에 목표를 하나씩 적어보자. 그런 다음, 이 목표가 당장 해야 할 일이면 즉시 처리 칸에, 조금 여유를 가지고 해도 되면 2~3개월 칸에 중요도가 높은 순으로 분류해서 넣어보자. 이렇게 분류하면 자연스럽게, 현재 가장 우선순위 높은 것이 구별될 것이다. 정리된 순서대로 하나씩 업무를 처리하다 보면 업무목표 숫자도 줄어든다. 업무 팀과도 함께 이 매트릭스를 이용해서 업무분류를 하면 우선순위에 대한 공유가 높아진다.

긴 회의와 무분별한 보고서부터 다이어트하라

한 대기업에서 직원들에게 무엇이 다이어트 대상인지를 사내 설문 조사를 했는데, '회사에서 줄이거나 버려야 할 것'으로 가장 많이 꼽힌 것은 첫째가 결론 없는 긴 회의, 둘째가 무분별한 보고서와 자료 남발로 인한 의사결정 지연이었다.

'개인적으로 줄이거나 버려야 할 것'으로는 첫째로 뱃살, 둘째로 게으름을 가장 많이 꼽았다고 한다.

정말 맞는 말이다. 긴 회의는 생산성의 적이다. 방향이 없고 준비가 부족할수록 회의는 길어진다. 회의가 길어지면 집중력이 떨어지고, 딴짓 하는 참가자들이 늘어난다. 집중력 떨어진 상태에서 의사결정의 질이 훌륭하기는 어렵다. 리더가 회의에 와서야 생각이란 걸 시작하고 이것저것 물어가며 의견을 형성하려고 한다면, 그건 구성원들의 시간을 존중하지 않는 것이다.

회의는 콤팩트해야 한다. 애플의 스티브 잡스는 토론에 참여하지 않을 사람이 회의에 참가하는 걸 병적으로 싫어했다. 상황 파악을 위해 참여했다는 어떤 중역을 그 자리에서 내보냈다는 일화가 있을 정도다. 어느 글로벌 기업에서는 아예 스탠딩 회의를 권장한다. 말 그대로, 자리에 앉지 않고 서서 하는 회의다. 늘어지는 것을 방지하기 위함이다. 또 다른 회사는 참가자들이 다른 부서 일에 의무적으로 코멘트를 해야 한다. 그러면서 배우고 회의 효율도 높인다.

정말 중요한 것은 길지 않다. 핵심 아이디어, 핵심적인 전략, 핵심적인 소구 요소는 길 필요가 없다. 핵심에 자신이 없을 때, 여러 가지 자료로 보충하고 포장하는 것이다. 직원들에게도 '엘리베이터 프레젠테이션'을 시킬 필요가 있다. 중요한 잠재고객을 엘리베이터 안에서 만났다고 가정하고, 엘리베이터가 20층까지 올라가는 시간 안에 어떻게 회사의 제품과 서비스를 효과적으로 소개하겠는지를 훈련해보는 것이다. 시간이 짧으면 핵심을 연마하게 된다.

개인이나 조직이나 단순화하려는 노력이 필요하다. 주기적으로 일과 삶의 구조조정을 해야 한다. 집 안 청소만 해도 그렇다. 청소란 대체로 버리는 게 일이다. 집 안을 채우고 있는 쓸데없는 물건을 내다 버리고 새롭게 정리 정돈하면 기분이 상쾌해진다. 잡동사니 물건들은 공간에 소음을 만들어낸다는 표현이 있다. 정리 안 된 공간에서 일하는 것은 늘 잡음이 들리는 라디오를 틀어놓고 일하는 것과 같은 것이다. 내가 버린 물건들만큼 생활이 가벼워진다. 생활을 무겁게 하고 나를 잡아 끌어내리는 그런 것들을 한 번씩은 정리하고 내다버릴 일이다. 그것이 늘어가는 뱃살이든 게으른 습관이든, 내 삶의 구조 조정이 그런 것이라면 아주 상쾌한 결과를 가져올 것 같다.

밥 버포드Bob Buford가 쓴 《하프 타임》이란 책이 있다. 그는 인생의 전반전에 맹렬하게 추구하던 '성공' 패러다임에서 벗어나 후반전,

즉 남은 삶을 이끌어갈 '의미'를 추구하라고 권한다. 누군가 말한 것처럼, '성공했다'는 표현은 비문에는 어울리지 않는 것이다. 비문에 새길 것은 그의 기여, 다른 사람에 대한 영향, 그가 추구한 가치, 그런 것들일 것이다. 인생에는 성취 그 이상의 의미가 있으며, 그래서 달리기 경주로 비유될 수 없는 것이라고 나는 믿는다.

휴가도 일상에서 벗어나 지금까지의 나를 되돌아보고 앞으로의 방향에 대해 고민하고 답을 찾는 의미 있는 내적 여정이 되었으면 좋겠다. 구성원들이 휴가에서 돌아오면 머리를 비우고 돌아와서 다시 집중할 수 있는 핵심 목표 2~3가지가 있으면 좋겠다. 후반전 경기는 거기에 초점을 맞추어 전력을 다할 수 있게. 공간으로 치자면 젠Zen 스타일처럼, 아주 단순하고 치장이 없는 아름다움, 여백의 미학과 고요한 집중이 있는 그런 멋진 일과 삶을 꿈꾸어본다. 쓸모없는 것을 버리지 못하고 집착하는 것도 일종의 편집증이다.

17

가장 위험한 것은
다 안다는 마음

20대 청년이 된 조카와 얘기하다 보니, 자기 아버지에 대한 불만이 제법 있었다.

"아빠가 어떤 날은 '너를 믿는다! 알아서 잘할 거야.'라고 말하세요. 그러면 '나를 믿고 기다려주시는구나.' 하고 마음이 좋죠. 그런데 바로 다음 날 '도대체 앞으로 뭐 하려고 그러니, 뭐 하나 제대로 준비하고 있는 게 없잖아!' 하고 다그치시는 거예요. 차라리 믿는다고 하지나 마시지!"

그 대목에서 나는 슬며시 웃음이 나왔다. 그 집 아빠만 그러는 게 아니라는 걸 알기 때문이다. 아이들은 잘 모를 것이다. 부모도 부모 노릇을 엄청 고민한다는 걸. 아마 그 아버지는 저녁에 성당에

가서 아들을 위해 기도하며 마음을 다잡고 왔을지도 모른다. 그러다 다음 날에 청년 실업에 대한 기사를 보고 아들에 대한 조급증이 되살아났을 수도 있다. 이렇게 고민하고 흔들리는 마음은 아이들에겐 보이지 않는다. 자녀들이 볼 때 부모는 확신에 차 있고 완고하게 보인다. 하지만 자식을 앞에 두고 완벽하다고 느끼거나 고민이 없는 부모는 거의 없다. 늘 부족하게 느껴지고 흔들린다. 그런 의미에서 우리는 아직도 부모가 '되어가는 중'이다.

직원들도 상사가 그렇게까지 고민하는 걸 잘 모른다. 상사니까 확고하게 완성된, '다 된 사람' 취급한다. 하지만 실은 상사도 '되어가는 중'이다. 자극을 받고 흔들려가면서 리더의 역할이 무엇인지를 고민하고, 딱 고민한 그만큼 뭔가 달라진다. 경영자 코칭을 하다 보면 임원들도, 지위 높은 CEO도 실은 구성원들의 반응에 대해 민감하다. 심지어 자신이 지나치게 직원들의 눈치를 본다고 표현하는 사람도 있다. 왜 아니겠는가? 하지만 이런 흔들림은 좋은 것이라 할 수 있지 않을까? 우리의 행동에 대한 확신의 부족은 스스로 성찰하고 더 나아지려는 동기로 나타난다.

그렇게 보면 '이미 되있다.'는 마음이 차라리 위험하다. 다 안다는 태도로는 무엇도 배울 수 없는 것과 마찬가지다. 어떤 분에게 미래를 대비해 공부가 필요하지 않느냐고 했더니, '공부할 시간도 없지만… 솔직히 책을 쌓아놓고 많이 읽는 사람들이 나보다 뭐가 더 사람들은 헌신하지 않는 리더를 따르지 않는다. 헌신은 책임을 완수하기 위해 스스로 선택한 노동 시간과 자신의 능력을 개발하기 위한 노력, 그리고 동료를 위한 개인적인 희생을 포함한 모든 부분에서 드러나는 것이다.

나은지 모르겠다."라고 한다. '이 정도면 되었다.' '이 상황에선 누구도 나처럼 할 수밖에 없다.'라는 자족적인 시각에서는 발전을 기대하기 어렵다.

어쩌면 우리 삶 전체가 제대로 된 무언가를 향해서 '되어가는' 과정일지도 모르겠다. 다른 예를 들 필요도 없다. 우리 자신을 돌아보면 그렇지 않은가? 치기 어렸던 과거의 행동은 가끔 기억에서 튀어나와 우리 얼굴을 붉어지게 만든다. 예전에 쓴 글을 보면 어떻게 이렇게 잘 모르면서도 용감하게 썼는지 얼른 지워버리고 싶다. 아, 더 괴로운 건 어디선가 돌아다니고 있는 강의 동영상들이다. 누가 인터넷에서 봤다고 인사하면 얼른 숨고 싶다.

아마 지금 우리가 하고 있는 일들도 몇 년 뒤에 보면 부끄러운 마음이 들 것이다. 완성품이라기보다는 되어가는 것들에 불과하기 때문이다. 누구나 되어가는 중이다. 그러니 부하에게도 언제나 완벽한 모습만을 보여줄 필요는 없다. 또한 부하가 완벽하지 못하다고 심하게 질책해서도 안 된다.

부하가 일하는 모습에 조급증이 일 때면 다시금 마음을 다잡도록 하자. 예상치 못한 어려움에 부하의 업무의 속도가 현저히 느려졌을 때, 뭔가 불안정해하며 흔들리고 있을 때, 조직은 체질을 강화하기 위한 지

점을 통과하고 있는 것이다. 온실 속 화초에서 튼튼한 야생의 잡초로 전환하는 중인 것이다. 온실의 관점에서야 야생이 두렵지만, 야생의 찬바람은 우리가 전진하고 있다는 부정할 수 없는 증거다.

매일 매일 반복이 주는 힘

조직이 어려움이 빠진 상황일수록 아주 간단하지만 강력한, 하나의 습관을 매일 매일 반복하는 것만으로도 난관을 타개할 수 있다. 그렇다면 어떤 습관이면 좋을까?

천재 경영자로 불리는 소프트뱅크 손정의 회장은 원래 교사가 꿈이었지만, 재일한국인 3세라서 불가능하다는 말을 듣고 사업가가 되기로 결심했다고 한다. 그는 미국 유학 시절 '사업가가 되려면 창업 자금이 있어야 하는데 아르바이트로는 불가능하니, 발명으로 돈을 벌어야겠다.'고 생각했다. 발명을 하려면 아이디어 발상력이 필요한데, 발상력을 높이려면 어떻게 해야 할까?

앉아서 번득이는 영감이 떠오르기를 기다리는 대신, 그가 취한 방법은 훈련이었다. 하루 한 건씩 1년 동안 발명을 계속하기로 결심하고, 매일 5분 동안 아이디어를 떠올리는 습관을 들였다. 알람을 5분에 맞춰놓고 그 안에 아이디어를 짜내고, 시간 내에 떠오르지 않으면 그날은 없는 것이다. 실제 1년 뒤 손정의의 발명 고안 노트는 250건의 아이디어로 채워졌고, 그보다 더 큰 성과는 지혜를 짜내는 두뇌 훈련이 된 것이었다고 그는 말한다.

줄리아 카메론Julia Cameron은 할리우드의 잘나가는 작가이자 영화 감독 마틴 스콜세지Martin Scorsese의 아내로서 영화 '택시 드라이버' '뉴욕 뉴욕' 등의 시나리오를 공동 집필했지만, 이혼과 슬럼프를 겪으면서 알코올에 의존하지 않고는 글을 쓸 수 없는 상황에까지 이르렀던 사람이다. 그 과정을 겪으면서 모든 사람은 '아티스트'라는 걸 깨닫게 되고, 이걸 표현하려면 자유롭게 내면을 펼쳐 내는 것이 핵심이라고 생각하게 된다. 그래서 그는 아티스트는 괴팍하며, 고통 속에서 창조 행위가 이루어진다는 신화에서 벗어나라고 주장한다.

그 대신 창조성을 이끌어내는 방법론으로 매일 아침 책상 앞에 앉아서 빈 페이지에 떠오르는 대로 의식의 흐름을 그냥 써내려 가는 '모닝 페이지'를 제안했다. 말이 되든 말든, 글이 맞든 안 맞든 아무 검열도 하지 않고 3페이지를 그냥 떠오르는 것을 써내려가다 보면 막혔던 창의성이 펼쳐지는 걸 경험했기 때문이다. 그녀가 쓴 책《아티스트웨이》의 영향으로 모닝 페이지로 매일 써 본 사람들은 그것이, 창조성만이 아니라 스스로의 힐링이고 자존감과 정체성을 되살리는 작업이었다고 고백한다.

아마 누구에게나 좋은 습관이 된 것들이 있을 것이다. 내 경우는 매일 아침 플래너에 하루의 계획을 세우는 게 그나마 좋은 습관이라고 할 만하다. 16년째 습관이 되니 이제는 이것 없이 하루를 시작하는 게 힘들어졌다. 플래너에 기록하고 계획을 세우는 습관은 부족한 역량으로 여러 역할을 해내는 데 결정적으로 도움이 되었다. 올해는 손정의의 매일 아침 아이디어 발상 습관이 자극이 되었다. 매일 아침 10분간 아이디어를 떠올리고 기록하는 걸 해보면 어떨까? 안 떠오르면 패스다. 어제 아침부터 내가 가진 가장 멋진 노트를 꺼내어 쓰기 시작했다. 오늘이 이틀째, 아이디어는 두 개가 기록되었다. 얼마나 갈지 아직은 모르겠고, 마음먹어도 영 안 되는 습관도 있긴 하다. 그러나 그런들 어쩌랴. 시도를 해보고, 잘 맞으면 습관으로 만들어보고 싶다.

아리스토텔레스는 이렇게 말했다.

"당신이 반복적으로 하는 행동, 그것이 바로 당신 자신이다. 그러므로 탁월함은 행동이 아니라 습관이다."

스스로
‘움직이는 조직’이
되어야 한다

살아 있는 조직을
만드는 법

많은 기업이 조직원들에게 '주인 의식을 가지라!'고 말하지만, 일방적인 권위주의 문화에서는 주인 의식이 아닌 '머슴 의식'이 생겨날 뿐이다. CEO와 임원은, 기업의 리더들은 그 자체로 조직 문화를 만들고 지키는 수호자들이다. 어떤 가치와 문화를 만들고 공유하고 지킬 것인지를 진지하게 고민해야 할 필요가 있다.

18

뛰어난 개인도
멍청한 조직을
이길 순 없다

어느 기업에서의 일이다. 임원이 직원을 면담하는 자리에게 진지하게 물었다.

"우리 조직에 대해 어떻게 생각하나? 개선할 점이 있을 텐데… 기탄없이 말해주면 좋겠네."

직원은 복잡한 표정을 지으며 대답했다.

"뭐… 완벽한 조직이 어디 있나요? 그래도 예전보다는 좋아지고 있는 것 같습니다… ."

대화 결과 직원이 별 생각이 없다고 판단한 임원을 나중에 크게 놀라게 한 사건이 있었으니, 바로 그 직원이 동료들과 술자리에서 조직에 대해 엄청난 불만을 토로했다는 것이다. 임원은 생각했다.

파워 디스턴스가 강하게 존재하는 한, 조용히 입 다물고 있는 조직 내 침묵 현상을 마주하게 된다. 그렇기 때문에 구성원들과 소통하고자 하는 상사들은 먼저 얘기를 할 수 있도록 편안한 분위기를 만드는 데 신경을 써야 한다.

"뭐야? 이 친구, 겉 다르고 속 다른 이중인격자인가?"

이것은 그 직원이 이중인격자라서가 아니다. 네덜란드의 사회 심리학자 거트 홉스테드Geert Hofstede는 국가 간 문화를 비교하는 잣대 중 하나로 '파워 디스턴스 Power Distance'를 제시했다. 파워 디스턴스란 권력이 있는 사람과 없는 사람 간의 간격, 즉 거리를 뜻하는 말이다. 파워 디스턴스가 크다는 건 권력 분배가 불균등한 상태에서 아랫사람이 윗사람에게 복종하고 윗사람이 권력 행사를 자연스럽게 수용하는 태도가 강하다는 뜻이다. 상사와 부하, 부모와 자식, 어른과 아이 간에도 파워 디스턴스가 작용한다.

파워 디스턴스의 정도는 국가 문화마다 차이가 있는데, 대체로 유교권 국가들과 일부 남미 국가들이 파워 디스턴스가 큰 편이며 한국도 큰 나라에 속한다.

앞의 예에서는 직원이 이중인격자라서가 아니라, 상사 앞에서 의견을 당당하게 말하기 불편하게 만드는 파워 디스턴스가 존재했다고 해석하는 게 맞을 것 같다. **문제는 파워 있는 측은 파워 디스턴스를 잘 못 느끼는데 반해 파워 없는 쪽은 느끼고 말고가 아니라 거의 실존의 문제라 할 정도로 강력하다는 것이다. 그래서 상사와 마주 앉아**

서 자기 의견을 당당하게 말하는 것이 문화적으로 어렵고, 회피하게 된다. 회식 자리에서 높은 사람 가까이 앉기를 꺼리는 현상, 윗사람이 한 말씀 하시면 대부분 사람들이 속으로는 다른 생각을 하면서도 머리를 끄덕이는 현상 등이 다 파워 디스턴스에 의한 것들이다.

직원들에게 의견을 청한 상사는 생각한다.

'내가 그렇게 어렵나? 의견을 말하라는 데 못 말할 게 뭐야?'

하지만 직원들은 생각한다.

'괜히 잘못 말했다가 상사가 생각한 것과 다르면 어쩌지? 가만히 있는 게 안전해. 찍히는 것보다는 그 편이 나아.'

파워 디스턴스가 강하게 존재하는 한, 조용히 입 다물고 있는 조직 내 침묵 현상을 마주하게 된다. 그렇기 때문에 구성원들과 소통하고자 하는 상사들은 먼저 얘기를 할 수 있도록 편안한 분위기를 만드는 데 신경을 써야 한다.

가끔 리더들이 묻는 경우가 있다. 구성원의 얘기를 들어보고자 하지만 그들이 말을 안 하는데 어떻게 해야 하느냐고. 직원들이 말을 하지 않는 데는 크게 두 가지 이유가 있다.

첫째는 성밀 아이디어가 없어서 말을 하지 않는 경우이고,

둘째는 분위기가 안전하지 않아서 말을 참는 경우다.

첫 번째 이유라면 직원들이 좀더 생각해서 아이디어를 가져오도록 요청하면 될 것이다. 두 번째 이유라면, 완벽하지 않은 생각이

라도 얘기하라고 청하고, 직원들로 하여금 쉽게 말을 꺼낼 수 있도록 분위기의 긴장을 부드럽게 풀어주는 게 필요하다.

'불통'만 불러오는 '무늬'만 소통

말콤 글래드웰은《아웃라이어》에서 1997년 대한항공의 괌 추락사고의 원인을 파워 디스턴스와 관련해 해석한다. 조종실 내 대화 기록을 분석한 결과, 기관사와 부기장이 뭔가 문제가 있다는 걸 느꼈는데도 조종사에게 즉각적이고 분명하게 "비행에 뭔가 문제가 있다."라고 말하지 않았던 것이다. 기관사와 부기장은 곧장 직접적으로 말하지 않고 대단히 우회적으로 말했는데, 이는 '상사에게 무례하게 보이면 안 된다.'는 문화적 파워 디스턴스에서 비롯된 것이 아니겠느냐는 게 그의 해석이다.

직급이 올라갈수록 상대방이 느낄 파워 디스턴스를 헤아리는 지혜가 필요하다. 뛰어난 개인도 멍청한 조직을 이길 수는 없다. 우리는 우리가 속한 문화의 산물임을 잊지 말아야 한다. 파워 디스턴스를 최소화하기 위해서는 안전한 대화의 공간을 만들어 마음껏 아이디어를 표현하게 해줘야 한다. 윗사람에게 혼나거나 찍힐까 봐 두려워하는 마음이 이처럼 치명적인 항공사고로도 이어지기 때문이다.

파워 디스턴스를 넘어 창발적인 조직 문화가 조직에 정착되려면 기성세대들의 눈에 다소 건방지게 보일 정도로 자기 목소리를 내는 직원들이 많아져야 할지도 모른다.

19

'목적의식'으로
조직의 심장을
뛰게 하라

2010년 미국 인문계 대학생 조사 결과, 취업하고 싶은 직장 1위는 구글을 제치고 '티치 포 아메리카Teach for America'가 차지했다. 왜일까? 과연 구글보다 많은 연봉과 복지를 제공하기 때문일까? 아니다. 청년들을 곳곳에 파견해 가난한 아이들을 무료로 가르친다는 강력한 목적의식에 대학생들이 공감하고 이끌렸던 것이다. 사람은 생계를 위해 취직하지만, 일을 통해 의미와 목적을 추구하는 존재다. 그렇기 때문에 우리가 하는 일이 무슨 기여를 하는지, 우리가 없으면 세상이 아쉬워할 이유를 갖는 것이 그렇게나 중요하다.

나의 청년시절에, 성공한 리더들의 얘기를 들을 기회가 있었는데 듣고 나면 드는 궁금증이 있었다. 왜 저들은 사업 성공으로 유명해졌으면서도 그런 얘기가 아니라 국가 미래나 여성의 잠재력 같은 큰 담론을 저토록 열정적으로 얘기하는 걸까? 성공하면 애국자가 되는 건가? 고개를 갸웃거렸다. 그러다 나중에 글로벌 기업의 세계적인 리더들을 보게 되었다. 그들 또한 조

어떤 리더들은 직원에게 은근한 두려움을 조장하며 빈곤의 심리를 퍼뜨린다. '남이 가져가면 그만큼 내 몫이 줄어든다.' 이런 분위기에서는 성공을 위해서 남을 밟아도 괜찮다는 논리를 내재화하는 조직원들이 나올 수밖에 없다.

직이 추구하는 가치와 리더십에 대해 얘기하면 했지, 사업을 자랑하지 않았다. 내가 어렸을 때는 그게 다 포장이고 듣기 좋은 말인 줄 알았다. 하지만 나중에 깨달았다. '개인의 유한성을 뛰어넘기 위해 만드는 것이 조직'인데, 조직을 하나로 통합하는 강력 본드 같은 것, 조직이 마치 사람처럼 정체성을 가지고 소통하는 데 필수적인 것, 이것이 기업의 가치이고 목적의식이라는 것을 말이다.

뉴욕 링컨센터는 단순직 직원들에게 공연을 관람할 기회를 준다. '수준 높은 예술 공연을 제공'하는 회사 목적에 기여하고 있다는 자부심을 갖게 하기 위해서다.

병원 중환자실 침대시트를 가는 노동자가 있었다. 보기에 따라서는 하찮은 식업일수도 있다. 하지만 그는 '수술 후 환자에게 가장 큰 위험은 감염이며, 감염은 생명에 치명적인 결과를 줄 수 있나.'라면서, 자신이 하는 일은 바로 이를 예방해서 생명을 살리는 데 기여하는 것이라고 말한다. 자기 일이 중요하다고 느낄수록 더 열심

히 일할 동기를 갖는다는 것은 경영학의 연구로 입증된 사실이다.

런던비즈니스스쿨 교수 게리 하멜Gary Hamel은 "비즈니스를 하지 말고 동기를 만들어내라."고 강조한다. 높은 리더일수록 철학을 가지고, 이에 대해 소통해야 한다. 우선순위가 분명하면 새로운 아이디어도 솟아난다. '두 썸씽Do Something'은 청소년 보호 단체로, 일탈한 아이들을 정상적인 삶으로 되돌리는 걸 우선순위로 정했다. 우선순위의 눈으로 관찰하자, 노숙 청소년들이 쉼터에 도착했을 때 가장 필요로 하는 게 깨끗한 청바지라는 게 보였다. 그들은 의류업체와 파트너십을 맺고, 브랜드에 상관없이 입던 청바지를 매장에 가져와 기부하도록 캠페인을 벌였다. 두 썸씽은 단 3주 만에 청바지 60만 벌을 모아 깨끗이 세탁하여 쉼터에 배부하였다. 의류업체는 기부 고객들의 매장 방문으로 매출이 상승했다.

이들 조직을 보면 결국 구성원들로 하여금 자신의 일이 사회나 다른 사람들에게 기여한다는 확신을 갖게 하는 것이 자부심과 동기의 원천이 됨을 알 수 있다. 매슬로우의 욕구 위계설의 최상위 자아실현의 욕구는 자신의 잠재력을 최고로 발휘해서 뭔가 더 큰 존재에 기여하고자 하는 욕구가 보편적으로 존재한다는 것이다. 이는 직급의 높고 낮음을 떠나 모든 사람에게 잠재된 욕구이다.

그러니 리더들은 조직이 무엇을 위해 일하는지를 분명히 전파할 수 있는 정신적 지주가 되어야 한다.

특히 임원급 리더들은 조직 가치의 수호자, 비전의 담지자라야

한다. 우선순위란 무엇을 하고 무엇을 하지 않을지, 즉 트레이드오
프가 있는 선택이다. 구성원들이 목적과 우선순위에 이끌리면 그
한 명 한 명들은 이를 현실로 만드는 파트너가 될 것이다. 이런 선
순환을 이해하지 못하는 사람들, 마치 내가 미숙했을 때 그랬던 것
처럼, 가치를 포장술 정도로 치부하는 사람들은 절대로 진정한 헌
신을 경험하지 못할 것이다. 자신을 포함한 모든 사람이 월급만을
위해 일한다고 믿기 때문이다.

경쟁이 아닌 화합을 촉진하라

교육방송 프로그램에 게스트로 나간 적이 있다. 생방송인데, 사회
자가 "아이를 리더로 키우려면 어떻게 해야 하나요?"라고 나에게
갑자기 묻기에, 나도 직관적으로 떠오르는 대답을 했다.

"아이가 리더가 되길 원하면, 너무 자기 것만 챙기라고 하지 마
세요. '빨리 가서 네 자리 챙겨! 늦게 가면 자리 없어!' 이런 말하는
대신, 이렇게 말해보세요. '늦게 와서 자리 없는 아이들은 어떻게
하지!?'라고요."

근본으로 돌아가서 따져보면 리더십은 내가 어떻게 하면 살될까
에 관한 것이 아니라, '우리'에 관한 것이기 때문이다. 그것이 리더
가 필요한 이유이기 때문이다. 앞서 설명했듯이 리더십의 기본적인

3요소는 리더, 팔로워, 공동의 목표다. 즉, 모두가 바라는 공동의 목표를 달성하기 위해 리더가 팔로워에게 영향을 미치는 과정이 리더십이다. 그렇기 때문에 공동체보다 자신의 사익을 앞세운 리더, 팔로워와 경쟁하거나 짓밟는 리더, 공동의 목표를 향해 한걸음도 앞으로 나아가게 이끌지 못한 리더를 '실패한 리더십'이라 한다. 그런 면에서 리더란 단지 높은 직급, 포지션이 아닌 것이다. 자기 자신의 이익이 최우선이 되는 사람이 리더가 되는 건 조직의 불행이다. 자기만 생각하는 리더 때문에 해악을 입은 경우가 얼마나 많았던가?

다른 조직은 훨훨 나는 것 같은데 우리만 제자리걸음만 뱅뱅 돌고 있는 것 같을 때, 이 결정적 순간에 리더는 어떤 선택을 해야 할까? 상대적 박탈감을 느끼며 좌절과 질시의 마음을 품어야 할까? 조직원들 사이에 경쟁을 부추겨야 할까? 스티븐 코비 박사는 경쟁 패러다임과 이를 강요하는 조직 시스템이야말로 조직을 망치는 지름길이라고 주장한다. 경쟁에서 이긴 사람에게 상을 주는 이른바 '미인대회 패러다임'이 전체 조직을 위해 좋은 결과를 가져오지는 않는다는 것이다. 협력할 때 오히려 조직이나 사회에 더 나은 대안이 나온다는 것이다. 극한 경쟁이 전체에게 득이 되는 경우는 스포츠 분야 정도일 뿐이다.

경쟁을 부추기는 마음, 혹은 경쟁 문화에 길들여져서 나오는 마음으로 '빈곤의 심리'라는 게 있다. '이 세상에 좋은 것은 매우 한정되어 있기 때문에, 남이 가져가면 그만큼 내 몫이 줄어든다.'고 느끼는 심리다. '사촌이 땅을 사면 배가 아프다.'는 속담은 정확하게 빈곤의 심리를 나타낸다. 잘나가는 동창을 보면 괜히 마음이 우울해지는 것, 동료가 인정받으면 상대적인 박탈감을 느끼는 것, 투자로 돈 벌었다는 이웃을 보면 마음이 급해지는 것 등등. 모두 빈곤의 심리에서 비롯되는 것이다. 어떤 리더들은 직원에게 은근한 두려움을 조장하며 빈곤의 심리를 퍼뜨린다.

이런 분위기 안에서는 성공의 사다리를 오를 수 있다면 남을 무시하고 밟아도 괜찮다는 상황적 논리를 내재화하는 조직원들이 나온다. 이런 조직원들이 하나둘 늘기 시작하면 조직의 '워크십Workship'에는 서서히 금이 가기 시작한다. 똘똘 뭉치면 무엇이든 할 수 있다는 의지는 온데간데없어지고, 조직이고 뭐고 그저 '나만 잘되면 된다!'는 분위기가 사무실 내에 퍼지게 된다. 뒤쳐졌다고 느껴져 마음 급한 순간일수록, '빈곤의 심리'의 반대 개념인 '풍요의 심리'가 필요하다. 풍요의 심리란 세상에 좋은 것은 많고 풍요롭기에, 남이 성공하고 인정받아도 내 몫은 남아 있다고 보는 패러다임이다. 남의 성공을 질시하기보다는 내가 성공할 새로운 '활로'를 뚫어야 한다. 이 활로를 개척해야겠다는 목표는 무슨 일이 있어노 끝까지 이뤄내겠다는 열의로, 조직원과 리더가 모두 한마음 되어 똘똘 뭉쳐야 한다.

"경쟁이 악덕일수는 없다. 문제는 그 방법이다."

이어령 선생의 말이다. 남을 질시하는 좁은 마음으로는 크게 성공할 수 없다. 진정한 리더십을 키울 수 없다. **진정한 리더가 되려면 빈곤의 심리에 사로잡혀 작은 경쟁의 틀에서 세상과 사람을 봐서는 안 된다. 커다란 문제에 부딪혔을 때일수록 더 큰 이슈, 더 큰 기여가 무엇인가를 생각하라.**

열정적으로 일하게 하는 힘, '단결심'

고객을 정말 신경 쓰는 기업들은 주차장의 편리한 층을 고객용으로 마련해둔다. 반면에 가장 좋은 자리를 자사 '임원들' 몫으로 해놓고 고객 주차장은 지하로 몇 층을 더 내려가서 가장 붐비는 곳으로 정한 기업도 있다. 이런 기업은 고객에게 어떤 인상을 줄까? 고객은 주차장에서부터 권위적인 인상을 받을 것이다. 겉으로 고객을 중시한다고 아무리 광고를 해도, 고객은 이런 기업에게서 1퍼센트의 진정성도 느끼지 못한다.

고위 경영진을 대상으로 코칭을 하다 보면 임원 비서들과 많이 접촉하게 된다. 기업의 문화에 따라 그들이 일하는 방식에도 엄청나게 큰 차이가 있다. 어떤 기업은 비서들로 하여금 외부인을 정중

하게 대하고, 스케줄을 늘 사전에 확인하면서 예측 가능하게 일할 수 있게 해준다. 비서가 임원의 파트너로 일한다는 인상을 준다. 반면 어떤 곳은 비서가 스케줄 관리나 조율을 자립적으로 하지 못한다. 매번 임원에게 괜찮은지 물어봐야 한다. 심지어 스케줄이 바뀌어도 모르거나, 연락을 까먹는 비서도 있다. 비서가 전문적인 어시스턴트로 일하는지, 심부름 수준의 일만 하는지도 그 조직의 성숙도를 보여준다.

대기업의 실무자 중에는 외부 업체를 아직도 '갑'의 자세로 대하는 사람이 많다. 그런 사람일수록 자기 회사의 중역은 하늘 모시듯 한다. 진정으로 존경해서가 아니다. 조금이라도 찍히면 큰일 난다고 두려워하기 때문이다. 주차장, 비서의 업무 수준, 직원들의 태도… 이런 사소한 차이에서 조직 문화가 그대로 투영된다.

마즈MARS라는 회사가 있다. 엠앤엠M&M 초콜릿이나 스니커즈, 트윅스 같은 브랜드로 유명한 세계 최대의 제과기업 중 하나로서 연매출이 35조가 넘는 글로벌 기업이다. 가치 중심적이며 수평적이고 주인 의식이 분명한 조직 문화로도 유명하다. 한국마즈에서는 뉭직원도 대표를 거침없이 이름으로 부른다. 부장님, 상무님처럼 직급으로 부르면 위계적인 문화를 만들어내기 때문에 그냥 영어 이름으로 부른다. 또한 임원실이 따로 없다. 대표를 포함해 모두가 사무 공간에서 함께 어울려 일하는 구조다. 소통이 많은 사람끼리

자리를 가깝게 배치하여, 굳이 회의를 하지 않아도 그때그때 대화하며 일을 할 수 있게 만들었다.

한번은 회사 주차장의 수용 한계 때문에 차량 몇 대는 외부 주차장을 이용해야 하는 일이 있었다고 한다. 아마 보통 회사라면 고위 경영진의 차는 건물 내에 두고, 일반 직원들의 차를 외부로 보냈겠지만 마즈는 달랐다. 평소 물품을 싣고 내리는 일이 많은 영업 사원의 차를 건물 내에 유지하고, 임원들의 차를 외부 주차장에 두기로 결정했다는 것이다.

요즘 웬만한 회사는 가치를 명시적으로 표방한다. 과연 당신의 조직에는 그 가치가 살아 있다고 말할 수 있는가? 마즈에는 상호성 Mutuality이란 가치가 있다. 사업이 직원은 물론 고객, 협력 업체, 대리점, 지역 공동체, 심지어 농민들에게도 이익이 되도록 노력한다는 의미다.

한국마즈에서 렌터카 계약 갱신을 위해 업체를 선정할 때의 일이다. 입찰을 했더니, 대기업 금융사에서 비슷한 비용에 더 좋은 차량을 제공하겠다는 제안을 했고, 구매부서는 그 업체로 잠정 결론을 내리고 보고했다. 하지만 타부서 임원이 제동을 걸었다.

"금액 차이가 크지 않은데 오랫동안 파트너였던 기업을 버리고 공격적으로 입찰에 참여한 대기업과 계약하는 것이 과연 '상호성'의 가치와 맞느냐?"는 것이었다. 각자의 관점에서 활발한 토론이 있었다고 한다.

효율성Efficiency도 중요한 가치다. 그래서 마즈는 자원을 낭비하지 않고 잘할 수 있는 것만 한다. 매출 35조가 넘는 큰 기업이니, 원료 공급이나 포장재 생산, 물류 사업, 광고 대행사만이라도 계열사로 운영하면 돈을 쉽게 벌 수 있겠지만 그렇게 하지 않는다. 소박한 환경에서 일하고, 제품도 과대포장 없이 최소한만 포장해 환경에 영향을 덜 주는 것도 효율성의 가치를 실천하기 위해서였다. 이렇게 기업을 운영한 결과 마즈의 인당 생산성과 매출액은 유례없이 높은 편이다.

당신의 조직은 어떤 가치, 어떤 가치관을 공유하고 있는가?

하나의 가치관 아래 마음을 모으고 머리를 맞댈 때, 경쟁심보다는 단결심이 생겨나고 직원들에게는 열정을 쏟으며 일할 힘이 생긴다. 경영학자 짐 콜린스와 제리 포라스Jerry I. Porras는 **"오랫동안 업계에서 경쟁자들을 앞질러온 대기업들의 공통점은 강한 가치관을 공유한 것"** 이라고 말한다. 〈포춘Fortune〉 선정 500대 기업의 공통점 또한 수치 수익뿐 아니라 '가치관 공유'를 기업 성공의 척도로 삼고 있다는 것이었다.

많은 기업이 조직원들에게 '주인 의식을 가지라!'고 말하지만, 일방적인 권위주의 문화에서는 주인 의식이 아닌 '머슴 의식'이 생겨날 뿐이다. CEO와 임원은, 기업의 리더들은 그 자체로 조직 문화를 만들고 지키는 수호자들이다. 어떤 가치와 문화를 만들고 공유하고 지킬 것인지를 진지하게 고민해야 할 필요가 있다. 고개만 끄덕이고 넘어갈 일이 아니다. 지금 잠시 책을 덮어두고서라도 생각에 잠겨보자.

"나는, 우리 구성원들은 왜 일하는가?"

"우리 조직은 어떤 가치관을 공유할 것인가?"

20

통제가 아닌
'맥락'의 전달로
움직여라

사람들이 하는 말의 맥락을 가만히 듣다 보면 놀라운 사실을 발견할 수 있다. 조직 문화를 바꾸기 위해 노력 중인 기업의 의뢰를 받아 내부 회의를 관찰했던 때의 이야기다. 회의에서 보고되고 언급되는 말 중 상당 부분이 "나(우리 부서)는 잘못이 없다."라는 메시지를 전달하고자 하는 것이었다. 전체 성과도 중요하지만, "그 과정에 나(우리 부서)는 최선을 다했고 할 만큼 했다, 즉 내 잘못은 없나."는 얘기를 하는데 그렇게나 많은 사람이 시간과 에너지를 쏟고 있다는 게 놀랍고도 안타까운 일이었다. 현명한 CEO라면 면책을 위한 얘기를 길게 해야 할 필요를 없애고, 자유로운 토론을 할 수 있는 안전한 분위기부터 조성할 것이다.

많은 상사가 부하 직원이 말을 제대로 못 알아듣는다고 답답해한다. 잘 설명했다고 생각했는데 엉뚱한 보고서를 들고 그것도 마감시간 임박해서 나타나는 부하 앞에서 상사들은 화가 머리끝까지난다. 왜 그럴까? 상사와 부하는 경험의 차이가 있을 뿐더러 의식 수준이 다르기 때문이다. 그래서 부하는 앞에선 고개를 끄덕여도사실 상사가 말하는 의미를 제대로 이해하지 못하고 자기 나름의해석을 한다. 특히 해외에 진출한 기업의 경우, 현지 외국인 직원과의 의사소통은 더욱 만만치 않다. 어느 대기업 해외 법인장을 코칭할 때다.

"현지인 직원과 일하는 게 너무 답답하네요. 지시를 해도, 말을잘 못 알아들어요."

"그럼 그가 앞에 있다고 생각하고 하고 싶은 말을 속 시원하게한번 해보세요."

"제발 좀 알아서 챙겨라!"

그는 이렇게 일갈했다. 안타깝게도 번역하기 어려운 표현이 '챙긴다'는 말이다. 게다가 '알아서'라는 엄청난 의미를 함축한 이 뜻을어떻게 전달하겠는가? 우리가 자주 쓰는 함축적인 언어는 그밖에도 많다. '잘 모셔라.' '부탁한다.' '눈치껏 해라.' '잘 좀 해라.' 등등.서로 의미를 잘 아는 것 같은 그런 말들이 실은 주관적인 잣대를 담고 있기 때문에 우리 사이에서도 커뮤니케이션의 오류를 가져오는원인이 되기도 한다.

문화인류학자 에드워드 홀Edward Hall 은 저서 《문화를 넘어서》에서 고맥락High Context 문화와 저맥락Low Context 문화의 차이를 설명한다. 저맥락 문화는 커뮤니케이션에 있어서 직설적이고 명료하며, 자기 의사를 말과 문자로 분명히 밝힌다. 반면

고맥락 문화에서 커뮤니케이션을 잘 하려면 어떻게 해야 할까? 커뮤니케이션에는 전달자와 수용자가 있다. 전달자의 입장에서 나의 메시지를 전달할 때는 말이나 글을 분명하고 자세하게 표현해주는 것이 필요하다.

고맥락 문화에서 커뮤니케이션은 우회적이고 애매하며, 언어에 담긴 뜻이 함축적이고, 상대방과의 관계를 고려한다. 의사소통에 있어서 의미 전달이 말이나 문자에 의존하는 부분이 클수록 저맥락 문화이고, 명시적 표현이 적을수록 고맥락 문화다.

일반적으로 동양은 서양에 비해 고맥락의 문화다. 그래서 솔직하고 정확하며 직설적인 서양인의 의사소통 방식이 동양인에게는 무례하게 받아들여지거나 대응하기가 당황스럽게 느껴질 수 있다. 같은 서양이라도 북유럽은 남유럽보다 상대적으로 저맥락 사회라고 한다. 아마 그리스 사람이 요리법을 알려주면서 소금을 '조금' 넣으라고 하면 핀란드인들은 반문할 것이다.

"몇 그램이요?"

특히 우리는 고맥락 언어가 많다. 소금 조금이라고 하면 알아듣고 심지어 '갖은 양념'이라 해도 알아듣는다. '잘 모셔.' '일을 챙겨라.' '잘 부탁드립니다.' 등 한마디 안에 많은 의미를 함축하는 언어를 쓴다. 외국인들에게 이걸 번역하기란 거의 불가능할 정도다.

고맥락 문화에서의 소통법

우리의 고맥락 문화는 세세히 만들어진 업무 매뉴얼이나 업무별로 잘 규정된 알앤알R&R, Roles and Responsibilities을 무력화시키기도 한다. 정해진 프로세스를 일일이 따지기보다 상황과 맥락에 따라 처리하는 게 몸에 배어 있기 때문이다.

커뮤니케이션에 있어서는 친밀할수록 더 우회적이고 애매한 편이다. 배우자에겐 아예 말하지 않아도 내 맘을 알아주길 기대한다. '바쁜데 뭐 하러 오냐?'는 부모님의 말씀은 오지 말라는 뜻이 절대 아니다. 그런 줄 알았다간 불효자가 되기 쉽다. 진짜 속뜻은 '네가 바쁜 거 아는데, 그래도 오면 진짜 효자다!'

거래처에 인사 좀 드리고 오라는 상사의 말을 액면 그대로 받아들여서 정말 인사만 꾸벅 하고 왔다가는 눈치 없는 사람 취급을 받을 것이다.

상담 전문가인 지인의 얘기다. 스승 댁에 방문했더니 사모님이 차를 내오면서, "김 박사, 자네 상담 오래 했다면서?"라고 물었다. 이 말에 지인은 자세를 고쳐 앉으며 "사모님. 요새 무슨 답답한 일 있으세요?"라고 대답했단다. 보통 사람 같으면 그 질문에 이렇게 대답하면서 자기 얘기를 늘어놓았을 것이다.

"네, 한 20년 했지요. 대학에서도 가르치고요…."

하지만 지인은 '이 분이 왜 지금 내가 상담한 것에 관심을 가지겠는가? 뭔가 하고 싶은 말이 있기 때문'이라는 걸 맥락적으로 파악했던 것이다. 이런 게 바로 내공이 아닐까?

고맥락 문화에서 커뮤니케이션을 잘하려면 어떻게 해야 할까? 커뮤니케이션에는 전달자sender와 수용자receiver가 있다. 전달자의 입장에서 나의 메시지를 전달할 때는 말이나 글을 분명하게 잘 표현해주는 것이 필요하다. 고함축적인 얘기의 맥락을 좀 낮추어야 한다는 뜻이다. 귀찮더라도 차근차근 상대의 의식 수준에 맞게 얘기해주는 게 필요하다. 특히 **상사들은 자신의 머릿속에 큰 그림이 있고, 원하는 수준과 질이 있다. 그런 걸 설명하고 공유하지 않고 생각의 말단만이 불쑥 표현되어 전달되기 쉬운 것이다.** 의식의 차이를 고려하지 않고 그렇게 얘기해놓고는 상사는 다 전달했다고 생각한다. 나중에 "몇 번이나 말했는데 그걸 못 알아듣냐?"고 책망한다.

직원들도 직원들의 일상이 있다. 매일 허덕이며 해결해나가는 과제들 속에서 큰 그림을 보고 상사가 원하는 것의 맥락을 파악하는 게 어려울 수밖에 없다. 일종의 친절한 교사 같은 역할을 할 필요가 있는 것이다.

반면에 수용자의 입장에서는 상대가 전달하는 메시지의 맥락을 잘 헤아리는 '맥락적 경청'이 필요하다 하겠다. 맥락적 경청이란 말만 듣지 않고 말의 이면에 깔려 있는 상대방의 의도나 감정, 욕구까지 헤아려 듣는 것을 말한다.

맥락적 경청의 방법을 사례를 통해 살펴보자. 아이가 있는 어느 대기업 사원이 이런 말을 했다.

"아이들이 어려서 한창 같이 놀아줘야 할 때인데, 매일 일에 치여 야근하느라 그럴 시간이 없네요. 좋은 아빠가 아니죠."

이 말 자체의 '스토리'만 알아듣는 게 가장 낮은 수준의 경청이라면, 좀 더 주의 깊게 들으면서 그 스토리에 깔린 '감정'과 '가정'을 듣는 게 다음 단계의 경청이다. 즉, 아이들과 함께 하는 시간을 못 내는 것에 대한 아쉬움, 좋은 아빠가 아니라는 미안함 같은 감정을 들을 수 있다. 더 나아가 그 사람 스스로가 품고 있는 가정, 즉 '좋은 아빠란 아이들과 함께 놀아주는 사람'이라는 전제가 바탕에 있다는 것도 파악할 수 있다.

한 걸음 깊이 더 들어가면 그 스토리에는 개인의 역사가 반영되어 있을 수 있다.

"그렇게 아쉬운 마음에 어떤 배경이 있나요?"라고 물었더니 그는 이렇게 대답했다.

"제가 어렸을 때 아버지는 다정한 분이 아니셨죠. 술을 많이 드셨고 강압적인 분이었어요. 청소년기부터 저는 속으로 마음먹었죠. 나중에 결혼해서 아이들을 낳으면 정말 친구같이 친한 아빠가 되겠다고요. 그 후 취직하고 사랑하는 사람과 결혼을 해서 아이를 둘 낳

았는데, 이제야말로 제가 꿈꾸던 가정을 만들 차례인데… 정작 일에 치여서 시간을 못 내고 있으니 정말 너무나 아쉽네요."

이런 개인의 역사가 맥락에 있는 것이었다. 깊이 있는 경청이 왜 필요한지를 깨닫게 한 사례였다.

생각이 '통(通)'하는 조직,
이렇게 만들어라!

상사와 부하 직원 간에는 권력 격차에 따른 거리감이 존재한다. 이러한 거리감을 좁히고 쌍방향의 커뮤니케이션이 원활하게 이루어질 수 있도록 하는 '분위기 조성'이 게 무엇보다 중요하다. 질문하고 토론하는 문화를 장려하고 이끌어야 한다. 질문과 토론이 부족하기 때문에 일방적이고 함축적인 담론으로 이어지는 것이다. CEO가 훈시를 마치면 그 말을 해석하느라 임원들이 모여서 다시 회의를 하는 웃지 못할 상황이 흔히 벌어지는 게 우리 기업의 현실이다. 이와 같은 고맥락 문화에서 특히 유의해야 할 커뮤니케이션 팁을 정리해본다.

❶ 주의를 기울여서 들어라

쌍방향 커뮤니케이션이 쉽게 이루어질 수 있는 분위기를 이끌기 위해서는 높은 지위에 있는 사람일수록 경청의 모범을 보여야 한다. 다른 직원의 이야기를 듣는 과정에서 멀티태스킹은 금물이다. 회의 자료를 넘겨보면서, 컴퓨터 화면이나 스마트 폰을 조작하면서 듣는 것은 안 듣겠다는 표시나 마찬가지다. 듣는 사람이 그렇게 나오면 말하는 사람의 머릿속도 함께 산만해져서 자신이 말하고자 하는 초점을 잃어버리게 된다.

❷ 맥락을 파악하라

말 이외의 표정과 어조 등을 주의 깊게 살피며 말만이 아닌, 그 말의 바탕에 깔려 있는 욕구와 감정, 의도를 헤아릴 필요가 있다. "야근이 많아서 힘들어요."라고 하소연하는 직원의 말을 있는 그대로 들으면 불평하는 것처럼 들리지만, 맥락을 들으면 이렇게 회사를 위해 열심히 일하고 있음을 알아달라는 인정 욕구를 표현하는 것임을 알 수 있다. 그 인정 욕구에 답하는 것이 바로 효과적인 커뮤니케이션이다.

❸ 상대방의 인식 수준에 맞추어 말하라

동서양을 막론하고 뛰어난 커뮤니케이터들은 쉽고 평이한 언어를 쓴다. 현학적이고 함축적인 말을 자제하고, 상대방이 이해하기 쉬운 표현을 쓰는 것이 좋다. 좀 더 자세히 설명하자면, 비유를 활용하고 생동감 있게 강조점을 부각시켜라. 유머까지 활용하면 최상이다.

❹ 지시 사항은 그 자리에서 확인하라

부하 직원이 지시 사항을 이행하여 결과물을 가져오기까지, 정확도와 효과성을 높이는 한 가지 간단한 처방이 있다. 부하 직원이 지시를 받고 그 자리를 벗어나기 전에, 어떻게 지시 사항을 이행하려고 하는지를 물어보는 것이다. 직원의 얘기를 들어보면 상사가 지시한 내용과 부하의 이해 수준의 차이를 즉각 확인하게 되고 바로 보충해줄 수가 있는 것이다. 3분이면 해결되는 좋은 솔루션이다.

❺ 좋은 질문을 활용하라

들을 때도 말할 때도 상대방의 주의를 집중시키고 공유 수준을 높이려면, 일방적으로 듣거나 말하기보다는 질문하고 대답하는 쌍방향 커뮤니케이션을 활용할 필요가 있다. 이때 가장 중요한 것이 핵심을 꿰뚫는 질문을 던지는 것이다. 질문의 질에 따라 대답의 내용도 첨예하게 달라진다. 좋은 질문에는 권력 격차에 따른 거리감을 좁히고 원활한 커뮤니케이션을 이끌어내는 커다란 힘이 있다.

21

모든 구성원은
각각의 개인으로
대해져야 한다

누구나 인정하듯이 조직의 성패는 '사람'에게 달렸다. 내가 만난 어느 중소기업의 사장은 사람 관리의 중요성을 이렇게 강조했다.

"직원이 회사를 그만두는 것은 바꿔 말하면 사장을 해고하는 것입니다. 직원에게 해고당하지 않기 위해서 어떻게 할 것인가를 매일 생각합니다."

그만큼 인재가 회사를 떠나지 않게 하는 것은 조직을 위해 매우 중요하다. 그중에서도 새로 입사한 사원들이 얼마나 빠른 시일 내에 조직에 잘 적응하고 핵심 인력이 되도록 지원할 것인가는 이후 조직의 안녕을 결정하는 결정적 문제라고 할 수 있다.

하지만 작년 상반기 채용한 신입 사원의 30퍼센트는 1년 안에 그

부하직원을 리더로 키워주는 상사가 많아야 조직이 발전한다. 자율성이 보장된 집단이 그렇지 않은 집단보다 생산성이 4배나 더 높다는 게 실험을 통해 밝혀졌다. 전 직원이 리더처럼 행동해야 기업의 성과가 향상된다.

만두었고, 가장 큰 퇴사 이유는 직무 적응 실패라고 한다. 신입 사원들이 조직에 빨리 적응하도록 돕는 일은 채용 못지않게 중요한 일이다. 신입 직원 관리, 어떤 것에 유의해야 할까?

신입 사원들 입장에서는 새로운 직장에 들어가 완전히 낯선 환경에서 위축되기도 하고, 이곳이 과연 오래 다닐만한 곳인가를 탐색하는 마음도 있을 것이다. 조직에 잘 보여야 할 것 같은 마음도 있지만, 이 회사가 아닌 것 같으면 빨리 그만두고 다른 기회를 찾아봐야겠다는 이중적 마음도 있다. 한마디로 데이트 기간처럼 간을 보는 측면도 분명히 있는 것이다. **조직도 마찬가지다. 신입 사원을 받으면, 마치 데이트를 시작하는 것처럼 조직을 알게 하고 우리와 함께할 때 어떤 미래가 가능한지 그들의 호기심 어린 눈길에 성실하게 답하면서, 조직의 미래를 나눌 동반자로 만드는 자세가 필요하다.**

적어도 3달까지는 신입사원을 대하는 매순간이 결정적 순간이라 생각하고, '3번 만난 연인'을 대하듯 조심스럽게, 그러나 나(조직)와의 궁합을 가늠해보며 업무를 처리해나가야 하는 것이다.

혹시 직원을 대할 때 '월급받기 위해 이 직장을 선택한 사람'으로 취급하지는 않는가? 바로 이런 리더가 제일 하수다.

<매슬로우의 욕구 위계설>

자아실현의 욕구
자기 완성, 삶의 보람,
잠재력 달성, 성장

존경의 욕구
자기존중, 자율성, 성취
감, 지위, 존경, 명예

사회적 욕구
애정, 친화, 소속감

안전의 욕구
위험, 고통으로부터의
보호 욕구

생리적 욕구
먹을 것, 마실 것, 쉴 것,
다른 신체적인 욕구

앞서 설명했듯 심리학자 매슬로우는 사람들의 욕구 위계설을 주
장했는데, 제일 하단에 위치한 기본적인 욕구가 생리적 욕구이다.
인간은 먹고살아야 하고 잠을 자야 하는 생리적 욕구를 충족해야
한다. 예외가 없다. 하지만 그렇다고 해서 직원들을 '먹고살기 위해
서 일하러 나오는 사람' 취급해선 안 된다. 상위 욕구도 있기 때문
이다. 그렇게 취급되면 직원들로부터도 딱 그 정도의 열정, 즉 받
은 만큼 일한다는 자세밖에는 기대하기 어렵다.

반면에 욕구 위계설의 상위 단계, 즉 자아실현의 욕구 수준에서

신입 사원을 대한다면 어떨까? 그들은 조직에 기여하고자 하는 욕구가 있고, 일을 통해서 뭔가 자신을 뛰어넘는 더 크고 아름다운 것, 이상과 신념, 사회에 기여하려는 존재라고 보고 대하면 그들의 잠재력을 발휘하는 모습을 이끌어낼 수 있을 것이다.

이렇게 직원들을 전인격적인 존재로 대접하고, 그 가능성을 발휘하게 해서 조직에 든든한 한 몫으로 자리 잡게 하려면, 업무를 지도하면서 업무 능력을 숙달시키는 일과 더불어, 그들이 문화적으로 이 조직에 마음을 붙이게 하는 소통과 배려가 필수적인 것이다.

이를 위해서는 세대 차이를 이해할 수 있는 문화적 포용성이 필요하고, 또한 직원들의 성장과 적응을 도와줄 코칭 혹은 멘토링을 실시할 필요가 있다. 또한 무엇보다 일방통행식의 지시나 훈계보다는 신입 사원들이 자발성을 발휘하며 일에 몰두할 수 있는 조직 문화를 조성하는 것이 중요하다. 이는 기존 구성원들에게도 자긍심을 높여주는 것이기도 하다.

신인류 직원을 이해하라

삼성경제연구소는 설문조사를 통해 80년 이후 태어난 신세대 직장인들의 특징을 '브라보BRAVO;Broad network, Reward-sensitive, Adaptable, Voice, Oriented to myself 세대'라는 용어로 요약했다. 조직에서는 브라보 세대의 특징을 이해해야 한다. 이들은 기성세대와 달리, 여러 인간관계를 맺고 관심사가 다양하며Broad network, 자신에 대한 평가와 보상에 매우 민감하다Reward-sensitive는 것이다. 또한 기성세대가 직업의 안정성을 중시해왔다면 신세대는 새로운 것에 대한 적응력이 강하다Adaptable. 기성세대는 묵묵히 일하는 것을 최고의 미덕으로 쳤지만, 이들은 "할 말은 해야죠." 하는 식으로 자기 생각을 솔직하게 표현Voice하며, 회사보다 개인 생활을 중시Oriented to myself한다.

이러한 신세대들은 직장 생활에서 당연시 되어온 룰이나 매너 등에 도전적일 수 있다. 조직에서 볼 때는 그들의 행태가 튀어 보이는 경우도 있을 것이다. 그러나 사실은 이 장면이야말로 그 회사가 좀 더 새로운 것을 받아들여 더욱 젊어지는 계기가 되는 것도 사실이다. 그들이 내놓는 다양한 아이디어, 새로운 시도, 열정이야말로 창의성과 시너지의 원천이기 때문이다. 하지만 획일적인 문화에서 성장한 탓인지, 우리는 나와 다른 남을 보면 불편해하는 경향이 있다. 그런 문화 속에서 새 직원의 열정을 희화화해버리거나, "튀지 마라."라는 압력을 주는 순간, 신입 직원들이 우리 조직에 기여할 몫은 제한되어버린다.

그러므로 리더들은 이들의 신세대 문화를 받아들이는 한편, 조직에서 중시하는 가치와 조직 문화를 긍정적으로 이들에게 받아들이게 하는 양면의 노력을 함께 기울여야 한다. 신입 직원을 훈련시켜 일을 시키는 쪽이 당장 급하게 느껴지지만, 사실 장기적으로는 우리 조직이 중시하는 가치를 그들이 존중하게 하고, 조직에서 일하는 방식과 커뮤니케이션 방식을 습득하게 하며, 보이지 않는 관행들과 그 의미를 수용하게 하는 것에 더욱 중요한 시간 투자가 이루어져야 할 것이다.

사원을 진짜 조직의 일원으로 만드는 '코칭 멘토링'

품질경영의 대가인 에드워드 데밍Edwards Deming은 조직에서 "사람들은 개인으로 대해져야 한다."라고 했다. 아예 '개인이 아니라 집단으로 그 사람을 규정하는 것이 바로 차별'이라고 정의한 사람도 있다. 어떤 집단에 대한 스테레오 타입으로 판단하여 대하지 않고 자신만의 역사와 스타일, 욕구가 있는 개인으로 접근할 때 효과적인 적응 프로그램을 실시할 수 있다. 사람을 개인으로 대한다는 것은 '신입 사원이니 당연히 그렇겠지!' '어느 학교 출신이니 그럴 법해.' '공학 전공이니 이럴 거야.' 등의 고정관념을 가지고 집단으로 파악하는 것과는 아주 다른 접근법이라 하겠다.

이를 위해 가장 좋은 것은 선배 사원들에게 코칭 혹은 멘토링 관계를 맺고 일정 기간에 그들의 적응을 돕는 역할을 하게끔 맡기는 것이다. 일대일 매칭이면 좋겠고, 그것이 어렵다면 선배 사원 한

명과 신입 사원 몇 명을 그룹으로 매칭하는 것도 장점이 있다.

이러한 코칭 멘토링 관계는 신입 사원의 직장 적응이나 업무상의 어려움에 대한 상담뿐 아니라, 취업과 함께 변화된 환경에서의 학습과 자기 계발, 가족 관계 등 개인적인 이슈들도 끌어내 실제로 도울 수 있도록 하는 장점이 있다. 다만, **주의할 것은 코칭 멘토링 관계를 매칭하는 것에서 끝나버리지 않고, 내실 있게 운영되도록 세심한 주의를 기울여야 한다는 것이다. 특히 이를 위해서 리더는 코치 혹은 멘토 역할을 맡을 선배 사원에 대한 실질적인 교육을 제공해야 한다.**

코칭 멘토링 관계에서 실제로 어떻게 도움을 줘야 하는지 선배 사원으로 하여금 필요한 지식과 스킬을 익히도록 해야 한다는 것이다. 많은 조직에서 멘토링을 실시하지만, 실제 멘토링 시간에 무엇을 다루어야 할지, 어떻게 조언해야 할지를 몰라서 지속화되지 못하는 경우도 매우 많다. 이런 경우는 선배 사원이 신입 사원을 데리고 회사가 지원하는 경비로 식사 몇 번하는 것 정도로 끝나버리는 예가 많다. 그 시간에 신입 사원들의 생각을 이끌어내고, 고민을 발전적인 실행 계획으로 코칭해줄 수 있도록 할 수 있는 코칭 스킬이 전제된다면, 알찬 프로그램이 될 수 있고 또한 선배 사원의 코칭 멘토링 역량도 향상시킬 수 있는 기회가 된다.

또한 너무 바쁜 업무로 인해 코칭이 우선순위에서 밀려나지 않도록 업무 시간 내의 미팅을 허용하고, 장기적인 관계를 지원해주는 등 조직의 배려가 있어야 할 것이다. 일례로, 일본 P&G에서는 브랜드 매니저가 부하 직원을 코칭하는 데 업무 시간의 50퍼센트를 쓰고 있으며, 모든 부서장이 코치로 불리고 있다. 그만큼 조직에서 직원 육성을 위한 코칭을 중시하고 있고 이것이 지속적인 경쟁력을 갖는 중요한 시스템으로 정착되어 있는 것이다. 국내에서도 직장 내 코칭을 통해 성과를 높이는 예가 보고되고 있다.

신입 사원의 부서 배치, 이후 업무 과제 지시와 문제 해결에 이르기까지 많은 교육 과정에서 꼭 강조해야 할 것이 있다면 그 과정에서 신입 사원들이 창의성과 자발성을 최대로 발휘할 수 있도록 북돋으라는 것이다. 신입 사원 교육 방식도 일방적인 강의 위주의 프로그램을 대폭 줄이고, 그들이 함께 그룹 작업을 통해 조직에 적응할 수 있는 미션을 부여하는 것도 좋은 방법이다.

조직의 비전과 목표를 강의로 하는 것보다는 간단하게 설명해주고 그것을 그들이 표현하게 하는 여러 방식들, 예를 들어 노래로 만들어 발표하거나, 미술 작품으로 형상화하기 등의 창의성을 발휘할 기회를 주고 그들의 작품으로 만들라는 것이다. 실제로 어느 기업에서 신입 사원들에게 회사의 홍보 동영상을 만들게 하자, 그들은 직접 시나리오를 쓰고, 연출과 출연을 맡아 인터뷰까지 진행하며 재미있는 홍보 동영상을 만들어냈고, 이를 유튜브에 올려놓아 많은 화제를 몰고 왔다. 이 동영상은 회사의 공식 홍보물보다 훨씬 창의적이고, 즉흥적이며 신세대다운 재기발랄함이 있었기에 많은 인기를 끌 수 있었다.

이러한 과정을 겪으면서 신입 사원들은 진짜 조직의 일원으로 만들어질 수 있다. 비록 경험이 아주 적은 신입 사원이라 하더라도, 조직에 기여하고자 하는 욕구와 자기들의 개성을 표현하고자 하는 욕구를 촉진해주고, 이를 신입 사원의 적응 프로그램에 효과적으로 접목시키려는 노력이 필요하다.

성과를 예측하는 업무 몰입도

마커스 버킹엄Marcus Buckingham과 커트 코프먼Curt Coffman은 1999년에 구성원들의 업무 몰입work engagement에 관한 12가지 질문을 작성하였다. 이 질문들은 모두 간단하면서도 명료한 항목들이지만, 얼마나 조직에 몰입할 환경이 되는지를 보여주는 의미심장한 내용들이다.

① 나는 직장에서 내게 무엇을 기대하는지 알고 있는가?
② 일을 올바르게 하는 데 필요한 자료와 장비를 갖고 있는가?
③ 직장에서 내가 가장 잘할 수 있는 일을 할 기회가 있는가?
④ 지난 일주일간 일을 잘했다고 인정 또는 칭찬을 받은 적이 있는가?
⑤ 나의 상사 혹은 직장의 누군가가 나에게 인간적으로 관심을 가지고 있는가?

⑥ 직장에서 나의 발전을 격려해주는 사람이 있는가?

⑦ 직장에서 나의 의견은 중요한 것 같은가?

⑧ 조직의 사명이나 목적은 내 일이 중요하다는 느낌을 갖게 하는가?

⑨ 동료 직원들은 일을 잘하려고 노력하는가?

⑩ 직장에 친구가 있는가?

⑪ 지난 6개월간 나의 발전 상황에 대해 타인과 이야기를 나눈 적이 있는가?

⑫ 직장에서 배우고 성장할 기회가 있는가?

이 항목 중 1번과 2번 항목은 기본 욕구를 다루는 것이다. 일의 결과가 무엇이라야 하고 그걸 해낼 도구가 있는가에 관한 것이다. 그래서 이 두 가지 항목에 대한 충족 여부는 구성원들의 이직률과 생산성에 큰 영향을 미친다. 3번과 4번, 5번, 6번 항목은 리더십 관련 항목이다. 상사가 어떻게 대해주느냐를 다루기 때문이다. 이 리더십 항목은 이직률, 생산성, 직원만족, 고객만족 4가지 전 분야에 아주 크게 영향을 미친다. 나머지 7, 8, 9, 10번은 동료와의 팀워크 요인이다. 이것들은 직원만족과 생산성에 영향을 미친다. 마지막 11, 12번은 성장 욕구 요인으로서 직장에서 성장하고 싶어 하는 요구가 충족되느냐이다. 이는 직원만족에 영향을 미친다.

12가지 질문은 간단하지만 매우 근본적이다. 기업에서 경영자로 일할 때 나는 간혹 이 질문지를 직원들에게 배포하여 무기명으로 답하도록 하곤 했다. 결과를 보면 그들이 어떻게 느끼고 있고 조직이 잘하고 있는 부분과 부족한 부분이 무엇인지를 보여주기 때문에 매우 유익했다.

직원들에게도 빠른 동화와 조직 몰입을 원한다면, 이런 질문들에 '예스.'라고 대답할 만한 환경을 조성하도록 노력해야 한다. 특히 신입 사원이나 이직해 온 직원들에게 있어서는 직장에서 자신들에게 무엇을 기대하는지, 인간적인 관심을 기울이는지, 배우고 성장할 기회가 있는지 등이 중요하게 강조되어야 할 항목들이다. 새로 온 직원이 의욕을 잃지 않고 계속 열정을 발휘하도록 돕는 것, 그가 이 회사에서 자기 비전을 찾도록 하는 것은 상사의 책무이자 넓게 보면 조직의 의무라 할 수 있다. 이제 막 데이트를 시작한 신입 사원들을 소통과 코칭을 통해 미래의 동반자로, 조직의 기둥으로 성장시키자.

22

월등한 능력도
드러내지 못하면
무용지물이다

성공에 필요한 것이 높은 지능이나 타고난 재능만은 아니다. 높은 지능과 뛰어난 재능이 있더라도 그건 잠재력에 불과하고, 이를 현실에서 발휘하기 위해서는 전혀 다른 차원의 고려가 필요하다. 그 중 하나가 어렵게 느껴지는 권위 있는 사람 앞에서 자기 의사를 표현하고 그들과 거래하는 능력이다. 미국에 아이큐가 190인 천재적인 남자가 있었다. 비상한 지능으로 일찌감치 주목받았던 이 사람은 가난했지만 장학금을 받아 대학에 진학한다. 하지만 기대와 달리, 대학을 마치지 못했고 수준 높은 교육을 기회가 없어 재능을 살리지도 못했다. 결국 시골 마을에 사는 평범한 소시민으로 나이를 먹게 되었다. 사연은 이랬다.

이 남자는 어느 학기에 장학금 신청 서류를 어머니가 제때 내지 않아서 장학금을 받지 못했다. 학교를 그만둘 위기에 몰렸던 그는 처음엔 학교 당국의 배려로 고비를 넘겼다. 그 다음에는 또 다른 문제에 봉착했다. 아르바이트를 해야 했던 이 사람은 일하는 시간이 수업시간과 겹쳤고 수업시간을 조정하거나 교수를 설득하지 못한 채 이런 몇 가지 이유들로 F학점을 받으며 대학을 중퇴하기에 이른 것이다. 이것은 공부를 하고 문제를 푸는 지적인 영역이 아니라, 어려움을 해결하는 능력과 관련이 있다. 어떻게 보면 살다 보면 누구나 부딪칠 수 있는 사소한 어려움들에서 그는 돌부리에 걸려 넘어져버린 것이 아닐까.

아직도 그는 혼자서 전문적인 분야를 틈틈이 공부하고 있고, 스스로 자신보다 더 뛰어난 사람을 못 봤다고 말할 정도로 자기의 지적 능력을 잘 알면서도 평범하게 말을 키우며 살아간다. 재능을 꽃 피웠다면 훌륭한 연구 업적을 쌓았을 이 사람에게 우연한 불운이 겹쳤기 때문이라고 보아야 할까?

이 스토리를 소개한 말콤 글래드웰은 그렇지 않다고 말한다. 살다 보면 이런 실수나 불운, 난관은 늘 있는 것이다. 이런 경우 상대가 자신을 이해하고 돕도록 설득함으로써 이보다 더한 난관도 극복할 수 있어야 하는데, 그걸 못한 게 문제라는 거다. 시기를 놓친 서류 제출이나 수업 시간 조정 등은 학교 당국이나 아르바이트 사업

실용지능은 자신이 원하는 것을 얻기 위해 언제 무엇을 어떻게 해야 하는지 아는 능력을 말한다. 대개 '실용지능'이 좋은 사람이 다른 사람을 설득하고, 자신이 원하는 방향으로 움직이도록 하는 비즈니스 능력도 뛰어나다.

주, 혹은 교수가 그의 사정을 이해했다면 조정해줄 만한 것이었다. 이 천재가 작은 어려움 앞에 너무 쉽게 자기 미래를 포기해버린 이유는 대부분 학교 당국이나 교수 등 '권위'와 거래하는 능력이 부족했기 때문이다.

'표현 능력'이 모든 것을 좌우한다

심리학자 로버트 스턴버그 Robert Sternberg**는 실용지능**Practical Intelligence**을 "뭔가를 누구에게 말해야 할지, 언제 말해야 할지, 어떻게 말해야 최대의 효과를 거둘 수 있는지 아는 것"을 포함하는 능력이라고 말한다. 즉 이해하고 아는 능력이 지능지수라면, 그것을 어떻게 '표현'할지를 아는 방법에 관한 능력이 실용지능이다.** 실용지능은 지능 못지않게 성취를 좌우하는 요소로 평가된다. 지능이 선천적 능력이라면, 실용지능은 후천적으로 학습된다. 그래서 가정환경이나 부모의 태도와 관련이 깊고, 사회적 문화도 크게 작용한다.

아이들을 병원에 데려갔을 때, 증상을 설명하거나 의사가 묻는 말에 대답하는 걸 아이가 직접 하도록 격려하는 것은 이런 능력을 키우는 데 도움이 된다. 아이들이 접하는 권위자이기 때문이다. 그런 기회에 부모가 모두 답을 하고 설명해버리면서 아이로 하여금 권위자와 거래하는 법을 훈련받지 못한다. 부모 뒤에 숨어 있게 되는 것이다. 학교 선생님에 대해서도 마찬가지다. 본인의 의견을 표현할 기회를 갖도록 격려하는 것이 필요한 이유다.

언제, 누구에게, 어떻게 말해야 할지 아는가?

프랑스에 유학하던 지인이 자녀가 다니던 프랑스의 초등학교에서의 경험을 이야기해주었다. 아이가 똑똑하고 교과에 대한 이해가 떨어지지 않는데도 프랑스어가 서툴다고 학년 진급을 유급시키더라는 것이다. 부모가 나서서 학교에 찾아가서 문제 제기를 했다고 한다.

"학교에 찾아가서 선생님에게 우리 아이는 수학도 잘하고, 다른 과목도 교과 내용은 잘 따라가고 있으며, 문제없으니 진급시켜 달라고 말씀 드렸죠. 이런 제 항의에 학교는 논의를 해봐야겠다고 하더군요."

얼마 후 들은 얘기는 놀라웠다. 교장선생님이 전체 교사 회의를 소집해서 이 문제에 대해 토론을 했다면서 결론을 이렇게 선해주었다는 것이다.

"한국은 어떤지 모르지만, 프랑스 학교에서는 '안다'는 것은 자기가 이해하는 데서 그치지 않고 이를 말이나 글로 표현해서 다른 지식과 연결할 수 있을 때 의미가 있다고 생각합니다. 표현할 수 없는 지식은 측정할 수 없으므로, 진짜 안다고 승인하기가 어렵습니다. 양해해주시기 바랍니다."

한편 우리나라의 상황을 보자. 국내 모 대기업의 교육 담당자의 얘기다. 외국계 기업과 인수 합병이 이루어져서 양사 출신 임원들의 합동 워크숍을 열었다. 인수 후 두 조직이 어떻게 목표를 세우고 시너지를 낼지에 대해 상호 토의하고 방향을 함께 정하는 중요한 자리였다. 그 워크숍에서 수적으로는 10퍼센트에 불과한 외국 기업 출신 임원들이 모든 논의와 발표를 주도했다. 그들도 한국인이었지만 적극적으로 참여하고 의견을 표출하는 문화 속에서 일해 온 결과 행동이 달랐던 것이다. 그걸 보며 그렇게나 많은 '좋은 교육'을 해왔던 교육 담당자로서 '한국형 엘리트'들의 현주소에 자괴감을 느꼈다고 한다.

남의 눈에 띄기보다는 점잖게 물러나 있고, 의견을 청하지 않는 이상 입을 닫고 있는 게 익숙하며, 그래서 '중간이라도 가야겠다는' 안전한 선택을 하는 것이 대다수 한국 조직 문화의 현주소다. 더구나 상사나 낯선 이들이 있는 자리에서는 더더욱 생각을 드러내지 않는다, 입을 꾹 다물 뿐이다. 회사가 프랑스 학교는 아니지만 의견은 있으나 표현하지 않는다면, 의미는 제한적일 수밖에 없다. 리더십은 표현되어야 하는 것이지, 시험으로 측정하는 게 아니기 때문이다.

실용지능은 가정뿐 아니라 조직 문화의 산물이기도 하다. 글로벌 시대에는 더더욱 실용지능이 필수다. 실용지능을 갖추지 못하고선 지적 능력을 펼칠 장도 얻기 어려운 것이 엄연한 현실이다. 우리가 내부에서 그런 풍토를 기르지 못한다면 글로벌 필드에서 뛸 선수로서의 입장권을 반쯤 포기하고 들어가는 것이 아닐까?

'한마디'라도 해야 힘이 들어온다

자신의 생각을 적극적으로 표현해야 한다는 도전을 나 스스로도 경험한 적이 있다. 오래전에 국제 코치자격 교육을 받을 때다. 10명이 한 조가 되어 6개월 동안 매주 전화로 온라인 수업을 듣는데, 서로 코칭하고 토론하고 피드백도 해야 하는 참여도 높은 과정이었다. 문제는 나를 뺀 동료 9명과 지도 코치가 모두 미국인이라는 것. 나는 교육 시작 전부터 내 짧은 영어실력 때문에 상당히 걱정을 했다. 그들에게 요청을 했다. 나는 모국어가 아닌 영어로 참여하는 것이니 말을 좀 천천히 해주고 분명하게 말해 달라고. 물론 내 부탁에 그들은 모두 그러겠다고 동의했을 뿐만 아니라 적극적으로 도움을 주겠다고까지 했다.

그런데 막상 시작해보니 영어만 문제가 아니었다. 얼굴을 보지 않고 텔레 콘퍼런스로 이루어지는 수업인데도 그들은 무척 시끄러운 그룹이었다. 농담도 잘하고 심각하게 의견을 내고, 미묘한 뉘앙스의 차이에도 즉각 반응을 했다. 그들이 볼 때 유일한 외국인이었던 나는 과제는 꼬박꼬박 제출했지만 수업 시간에는 말수가 적은 학생이었다. 교재에 대한 지도코치의 설명이나 동료의 토론 중에도 특별히 반대 의견이 없으면 가만히 듣고 있었다.

한 달이 지나자 지도 코치가 나에게 상당히 당황스러운 이메일을 보내왔다. 내용은 이러했다.

"이 수업에 당신이 무슨 기여를 하고 있는지 잘 모르겠네요. 어떤 내용이든 활발히 참여하고 당신 자신의 의견을 많이 표현해야 합니다. 그렇지 않으면 이 수업은 당신에게도 동료에게도 시간 낭비일 뿐입니다."

나는 적잖이 당황스러웠다. **우리는 나서지 말고 겸손하게 경청하라고 배웠다. 그게 착한 학생의 태도다. 특별히 다른 의견이 없으면 조용히 노트 필기를 하며 내용을 따라가려고 애썼다. 하지만 그들이 볼 때 나는 그들과 다른 나의 시각과 내 생각을 그 클래스에 가져와야만 하는 것이었다. 그게 참여였다.** 기여한다는 건 그런 생각을 꺼내 놓음으로써 그들에게도 새로운 생각으로 나아가도록 하는 자극을 주는 것이었다.

선생도 아닌 학생에게, 수업에 기여를 더 하라고 당당히 요구하는 것에 나는 혀를 차면서도, 다음부터는 말이 되든 안 되든 토론에 더 적극적으로 끼어들게 되었다.

외국어 토론이든, 대중 연설이든 우리가 안 해본 일은 힘이 든다. '힘들다'는 말은 역설적으로 '힘이 들어온다'는 뜻이라고 한다. 즉 힘든 일을 하고 나면 그 일을 할 힘이 들어온다는 말이다. 참 공감이 가는 말이었다.

도전을 통해 힘들어도 무언가를 하게 되고, 그만큼 훈련이 되고 성장하게 되는 경험이었다. 나서기 싫어하는 사람들도 많다. 결국 해법은 억지로라도 해보는 것이다. 그 경험이 쌓이고 쌓여 조금씩 자기 의견을 내놓는 일이 쉬워지고 익숙해지면 그만큼 힘든 일이 아니게 된다. 오늘도 회의에서 의견 피력을 주저했다면 연습의 효과를 권하고 싶다.

결국, 나 자신이
성장해야 한다

당신의 능력이
모두의 운명을 바꾼다

리더십에도 끊임없는 공부가 필요하다. 당신의 능력이 구성원 모두의 운명을 결정짓기 때문이다. 지향점이 있는 사람에게 공부란 앞으로 나아가면서 깨우치는 과정이고, 그렇기에 행복할 수 있다. 바쁜 시간을 쪼개서라도, 없는 시간을 만들어내서라도 깊고, 넓게 공부하라. 집중해서 공부하는 시간이 쌓일 때, 당신의 리더십은 더욱 단단해질 것이다.

23

리더의 수준이
조직의 수준이다

유행어 중에 '내로남불'이라는 것이 있다. 내가 하면 로맨스, 남이 하면 불륜이라는 뜻이다. 남이 하면 불륜이라 여겨지지만, 그런 사랑도 막상 내 일이 되면 너무나 소중한 로맨스인 것이다. 정말 맞는 말이다. 내 친구 하나는 남편이 바람을 피우는 걸 알고 엄청난 배신감과 충격에 괴로워했다. 그런데 자기 여자 후배가 어떤 유부남과 사귀면서 애처롭게 상담해오자 따뜻하게 공감해주며 위로했다는 것이다. 그러고선 나에게 물었다.

"나, 남편한테는 게거품 물면서 여자 후배 사랑 응원하는 거, 이 거 말 되는 거니?"

물론 말 안 된다. 하지만 그게 인간이다. 누가 한 일이냐에 따라,

상황에 따라 잣대가 달라진다.

1997년 미국의 한 잡지에서 죽어서 천당 갈 사람이 누구라고 생각하는지에 대한 설문조사를 했는데, 결과가 황당하다. 당시 대통령이었던 빌 클린턴이 52퍼센트, 영국 다이애나 왕세자비가 60퍼센트, 오프라 윈프리는 66퍼센트, 마더 테레사 수녀는 79퍼센트이고, 자기 자신이라고 답한 사람은 무려 87퍼센트였다.

이 모든 것들은 나르시시즘이 빚어내는 긍정적 착각positive illusion에서 비롯되는 것이다. 자기애, 자기 사랑이라는 뜻의 나르시시즘은 '자신은 옳고 중요하며 그런 자신을 세상은 알아줘야 한다.'라는 심리로서, 인간을 설명하는 중요한 키워드라서 '심리 중의 심리'라고 불린다.

냉정하고 객관적으로 자신을 보라는 것은 매우 어렵고 어쩌면 불가능한 주문일지도 모른다. 또 그다지 바람직하지 않을 수도 있다. 심리학자들은 우리에게서 나르시시즘이 사라지면 우울증 환자가 급증하고 자살 인구가 늘어날지도 모른다고 말한다. 긍정적 착각이 주관적인 행복감을 강화시키는 건 틀림없어 보인다. 예를 들어 똑똑하고 논리적이며 객관적인 법률가들보다, 자기 배우자에 대해 실제 이상으로 부풀려진 환상을 가진 바보들이 훨씬 행복한 결혼 생활을 한다. 그러니 나르시시즘을 나쁘다고만 할 수 없다. 에리히 프롬이 말하기를, 나르시시즘은 동물로서의 생존 본능을 상실한 인간에게 주어진 제2의 본능이라고 했다. 자기를 보호해주는 나르시시즘의 순기능을 강조한 말이다.

인간은 누구나 나르시시스트이고 그것이 생산적인 기능을 하기도 하지만, 과도한 나르시시즘은 확실히 독이다. 리더십에서는 이를 조직에 해를 끼치는 유독성 리더로 분류한다. 왜냐하면 과도한 나르시시스트는 자신은 특별하다고 과대평가하며 권한 욕구가 강하고, 외부의 부정적인 피드백을 회피하기 때문이다. 동료나 부하를 자기 이익을 위해 희생시키는 일도 일어날 수 있다. 그래서 임원평가 전문가 딘 스태몰리스Dean Stamoulis는 임원 선발에서 가장 피해야 할 1순위가 바로 지나친 나르시시스트라고 말한다. 그는 나르시시스트를 걸러내는 진단법까지 개발해놓았다.

조직에서 리더십을 향상하기 위해서 자주 쓰는 도구가 '다면진단'이다. 상사와 동료, 부하 직원들로부터 360도 리더십 평가를 받는 것이다. 그 결과를 받아들이는 데도 나르시시즘이 방해가 된다. 해리슨 어세스먼트Harrison Assessment의 개발자인 돈 해리슨Don Harrison 박사는 패러독스 그래프에서, 사람들의 자기 인식을 두 가지 축의 조화로 설명했다. 자기 수용self-acceptance과 자기 개선self-improvement. 이 두 가지 축에 따라 네 가지 유형이 나올 수 있다.

가장 바람직한 것은 자기 수용도 높고 자기 개선의지도 높은 '건강한 자부심' 유형이다. 역설적인 것처럼 보이는 두 가지 측면이 모두 높은 것이 통합적인 강점이라는 것이다. 마치 음양의 조화처럼

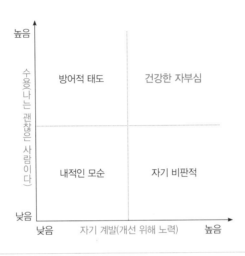

〈자기 수용과 자기 개선에 따른 자기 인식 표〉

역설적인 강점을 동시에 갖는 동양적 철학이 녹아 있는 것과 같다. 정말 그렇다. 동양에서의 겸양이란 실력이 없는 겸손이 아니다. 속이 꽉 찬 내실 있는 사람이 겸손할 때 진정한 '겸양'이 드러나는 것처럼, 자기 수용이 높은 사람이 개선의지도 높은 것이 바람직한 것이다.

자기 수용이 높으면서 자기 개선에 대한 의지가 낮으면 '방어적 태도'에 머문다. 이런 사람들이야말로 진정한 나르시시스트로서, 타인들의 자신에 대한 피드백을 받아들이지 못한다. 늘 자신은 선하고 옳기 때문에 그런 자신에게 부족하다고 하는 것은 타인들이 오해했거나 잘못 봤기 때문이라고 생각한다. 자기 개선에 대한 의지가 적기 때문에 지속적인 발전을 기대하기 어렵다.

반대로 자기 개선 의지가 높고 자기 수용이 낮은 '자기 비판적'인 사람들은 끊임없이 나아지려고 노력하는 형이다. 겉으로는 몰라도 내면에서는 늘 높은 기준을 세우고 그에 못 미치는 자기 자신을 비판하고 있을 가능성이 높다. 물론 그런 성향은 자신을 향상시키는 데 중요한 동력이 되기 때문에 사회적으로 성공한 많은 사람들이 이 유형에 속한다. 하지만 문제도 있다. 자기비판적인 사람이 리더가 되면 구성원들을 인정하는 데 인색하기 쉽다. 자기도 수용하기 어려울 정도로 기준이 높기 때문에 누구를 인정하고 칭찬하기가 쉽지 않은 것이다. 그래서 가족을 연구한 학자들은 "집안에 완벽주의자가 한 명 있으면 가족에게 그것은 재앙"이라고 말한다. 완벽한 사람이 가정에서 하는 역할이 주로 지적과 질책일 가능성이 높기 때문이다.

자기만이 특별하다는 건 미성숙한 생각이다. 반대로 나는 아무것도 아니라는 식의 낮은 자존감도 자기 파괴적이다. 그래서 진정한 리더가 된다는 것은 치기 어린 자기중심성과 나르시시즘을 내려놓는 과정이다.

낮은 자기 수용은 대인관계에도 영향을 미친다

우연히, TV에서 고민을 상담하는 젊은 남자를 보았다. 고민인즉, 여자친구가 남들 앞에서는 말할 수 없이 상냥하고 조신하게 처신하면서 둘만 있을 때는 거의 자신을 하인 취급을 하고 막 대한다는 하소연이었다. 아마 같이 사는 듯한데, 둘이 있을 때 구박하고 무리한 요구도 서슴없이 한다는 거다. 카메라가 그 여자친구의 얼굴을 비추는 순간, 나는 왠지 뭔가 알 것 같은 느낌이 들었다. 한눈에 봐도 성형을 많이 한 얼굴이었다. 예쁘장한데 뭔가 자연스럽지 않은 얼굴. 남자친구가 "제발 더 이상 성형을 하지 말았으면 한다."고 말할 정도였다.

남의 눈에 잘 보이려고 기를 쓰다 보면 결국 남들에게 비치는 '나'와 스스로 아는 자신의 괴리가 커질 수밖에 없다. 이 여자친구의 경우에는 함께 사는 남자친구를 남들 앞에선 내면의 나와 같이 여기는 듯하다. 그렇기에 남이 보는 앞에선 이상적인 커플로 보이려고 필사적인 노력을 하지만, 집에 돌아와서는 마치 자신을 대하듯이 남자친구도 막 대하는 건 아닐까.

브레네 브라운Brene Brown 박사는 사람들의 취약성에 대한 연구를 했는데, 그 내용에 나는 크게 공감했다. 그녀는 "왜 어떤 사람은 '사랑과 소속감'을 강하게 느끼며 건강하게 사는데, 어떤 사람들은 그것의 결핍으로 인해 불안정하고 힘든 내면을 견뎌야 하는 걸까?"라는 의문을 품었다. 연구에 의하면 이 차이를 가져오는 변수는 단 한 가지였다. 바로 '나는 사랑 받을 가치가 있다. 여기 소속될 가치가 있다.'라는 느낌이 있느냐 없느냐였다. 이 느낌을 갖기 위해 완벽한 사람이 될 필요는 없다. 우리는 누구나 불완전하고 수치스러운 면을 갖고 있지 않은가? 문제는 그걸 다루는 방식이다. 사랑받을 가치가 있다는 느낌이 부족하면 누군가 내 취약성을 알아차릴까 봐 전전긍긍하게 되고 남이 지적하지 않아도 스스로 부족감에 시달리게 된다.

그런 면에서 많은 전문가들이 부모가 아이들에게 "넌 정말 완벽해!"라고 말해서는 안 된다고 한다. 그 대신 "너는 어떤 면에선 완벽하지 않지. 그래서 힘든 거야. 하지만 너는 사랑받는 사람이고, 우리에겐 네가 꼭 있어야 돼."라는 말이 필요하다.

자신의 나약함과 부끄러움을 느끼는 것과 자랑스러움이나 기쁨을 느끼는 감정은 정반대인 것 같지만, 감정을 선택적으로 활성화시키기는 어렵다고 한다. 즉 자기의 취약성을 계속 외면하면 감정적으로 둔감해져서 순수한 기쁨도 느끼지 못하게 된다. 감정의 원천은 같은 곳에 있기 때문이다. 그래서 남들 앞에서 가면을 쓰다 보면 정말 자기가 느끼는 감정이 무엇인지 모른다. 누구에게나 자신의 취약한 면을 인정하고 드러내는 건 편안한 일이 아니다. 하지만 모두 알고 있듯이, 죽을 만큼 고통스러운 일도 아니다.

앞의 그 커플도 그랬다. 남자친구의 하소연에 여자친구는 그게 뭐가 힘드냐고, 잘 이해가 안 된다는 반응인데, 듣다 보니 그녀가 가여운 느낌이 들었다. 더 이상 얼굴이 변하지 않았으면 한다고 남자친구는 간청했다. '턱을 친다.'는 끔찍한 표현을 아무렇지도 않게 쓰면서 성형수술하고 얼굴을 붕대로 칭칭 감고 나타났더라는 말에서, 자기를 도구 취급을 하는 그녀, 스스로의 부족감에 시달리는 그녀의 가난하고 고단한 내면이 느껴져서 가여웠던 것이다. 아무도 보지 않는 데서는 자신을 대하는 방식과 똑같이 함부로 남자친구를 대하는 그 패턴을 그녀는 어떻게 인식하고 벗어나게 될까?

자기만이 특별하다는 건 미성숙한 생각이다. 반대로 나는 아무것도 아니라는 식의 낮은 자존감도 자기 파괴적이다. 그래서 진정한 성숙은 치기 어린 자기중심성과 나르시시즘을 내려놓는 과정에서 나온다. 인류가 발전해온 것도 나만이 특별하다는 집단적 나르시시즘에서 벗어나는 여정이었다고 한다. 또한 완벽하지 않고 취약성이 있는 자신을 수용하고 사랑할 수 있는 자존감이 필요하다. 자기 개선과 자기 수용을 균형 있게 갖추고, 타인의 피드백을 받아들이면서 동시에 자신과 타인을 인정하는 것, 그것이 건강한 리더가 되는 길이다.

나는 얼마나 나를 잘 아는가

유명인들이 "인생의 목적은 행복하게 사는 것이다."라고 당연한 진리처럼 말하면 나는 이상하게도 약간의 반항심을 느끼곤 했다. 과연 그런가? 행복이 삶의 목적인가?

행복을 정의하는 것은 철학적으로는 어려운 문제일 수 있지만, 단순하게 '주관적인 만족감'이라고 해보자. 예를 들어 '노숙하는 비참한 조건 속에서도 행복하다고 느끼기만 한다면 삶의 목적을 이루었다고 할 수 있는 것일까?' 속으로 그렇게 억지스러운 반론을 제기해가면서, 내가 하는 생각은 '행복은 무언가 의미 있는 목적을 추구하는 과정에서 느끼는 충만감이나 만족감 같은 게 아닐까?' 하는 쪽에 가까웠다. 요컨대 행복은 목적이라기보다는 결과가 아닌가, 하는 생각 말이다.

하버드 대학교의 로버트 캐플런Robert S. Kaplan 교수는 책 《나와 마주서는 용기》에서 무엇이 성공이냐고 묻는다. 크게 성취하는 것? 가족이나 가까운 사람을 기쁘게 하는 것? 그는 성공은 그런 것이 아니라 '자신의 잠재력에 도달하는 것'이라고 정의한다. 오호! 리더의 코치로서 크게 공감이 가는 정의였다.

우리의 잠재력을 억누르는 요소는 너무나 많다. 사회적인 통념, 눈치 보기, 현실적인 고려 요소 등… 먹고살기 위해서 열정을 포기하거나 뒤로 미루는 게 불가피한 경우도 있다. 하지만 열정이 직업적인 성공에 얼마나 중요하게 작용하는지를 안다면 자신의 지향점에 대해 더 숙고할 것이다.

아무리 능력이 뛰어나고 지식이 출중해도 열정이나 꿈 없이 의무감만으로 일한다면 결코 일정한 수준 이상의 성과를 올릴 수 없다. 열정이 없는 곳에 고객이 찾아올 리가 없다. 이러한 일터의 선순환이 제대로 이루어지지 않으면 절대로 성공은 찾아오지 않는다. 따라서 그저 동료들의 등 뒤에서 평범한 역할을 하는 데 만족해야 할 뿐이다. 만약 현실적 여건 때문에 당장 열정을 추구하기 어렵다면, 그것 또한 분명히 해두자. 열정과 꿈을 고민하고 마음에 새겨놓는 이 순간이 바로 장차 놀라운 변화를 몰고 올 또 하나의 결정적 순간이다. 어차피 안 될 것이니까 생각도 하지 않는 게 아니라, 분명하게 하고 싶은 일을 정의한 다음 현실과 타협하는 거다. 내 머릿속에서부터 흐릿하면 이루어지기 어렵다.

자신의 잠재력에 도달하는 것은 단순히 꿈을 꾸는 것이 아니라 자기 숙련의 과정이다. 자신을 잘 알고 현실적으로 평가하고, 끊임없이 자기 경계를 반복하며, 능력을 향상시키고, 자기 신념에 따라 행동하는 습관을 기르는 것이다. 잠재력에 도달하려면 자기 경계와 구체적인 행동과 단련, 그리고 부지런함이 요구된다. 힘들지만 보람 있고, 삶의 충만함을 느끼게 하는 여정이다.

자신을 잘 아는가? 나는 잘 몰랐던 것 같다. 자신을 현실적으로 평가하지 못했기 때문에 사람들과 세상이 주는 피드백을 주관적으로 해석하는 우를 범했다. 강의가 어렵다고 하면 그들이 이해력이 부족한 게 아니라, 실은 내가 쉽게 강의하는 역량이 부족한 것이다. 친밀하게 안부를 주고받는 사람들이 적은 건 내가 자연스럽고 친밀한 관계를 맺는 사회적 스킬이 부족한 것이다. 그런 생각을 못 하고 내가 바빠서 그렇다고 생각했었다. 경영자들이 경청이 안 되는 건 마음이 조급해서, 시간이 없어서가 아니다. 경청 역량이 부족하기 때문이다. 그래서 시간이 있어도 남의 말을 깊이 있게 듣고 맥락을 파악하지 못한다. 자꾸 딴 생각을 하게 되고, 끼어들게 된다. 듣는 실력 부족이다. 역량 부족은 노력해서 실력을 높이는 것으로만 해결될 수 있다.

50대가 되니 몇 십 년 보고 지내는 오랜 친구와 지인들도 늘어난다. 서로 사는 모습 자체가 배움이다. 가장 존경스러운 사람들은 뭔가 새로운 것에 호기심을 가지고, 배움을 멈추지 않고, 노소를 떠나 다른 이들로부터 배우려는 사람들이다. 그런 이들에게서 왜 나는 감동을 받을까? 삶이 진지한 노력의 대상이 될 만한 가치가 있는 소중한 것이라는 메시지를 그들은 삶으로써 보여주기 때문이다. 반대로 불평과 냉소, 통념으로 무장한 사람들을 보면 싫은 이유는 내 삶조차 하찮게 느껴지기 때문이다.

다시 한 번 스스로에게 물어본다. 나는 언제 행복한가? 한 걸음씩 나아가고 있다고 느끼고 옳게 나가고 있다는 확신이 들 때다. 그래서 나는 행복하기 위해서 내가 어디에 서 있고, 어디를 향하고 있는가를 더 자주 생각하려 한다.

24

다면진단,
거듭 자신을 돌아보라

리더십도 점검받고 피드백을 받아야 한다. 해마다 건강검진을 하듯이, 조직의 리더들도 무엇을 잘하고 있고 무엇을 개선해야 하는지 구성원과 동료 상사로부터 피드백을 받을 필요가 있다.

기업에서 임원을 해마다 평가하지만 제대로 평가하기 위해서는 성과뿐 아니라, 역량에 대한 평가도 반드시 필요하다. 성과가 과거의 성적표라면, 역량은 미래의 성과에 대한 바로미터라고 할 수 있다. 그래서 어느 기업은 연봉은 성과에 따라 주지만, 승진은 역량에 따라 시킨다는 인사 원칙을 갖고 있다. 성과는 뛰어난데 리더십 역량이 부족한 사람이 높은 자리로 가서 조직을 망치는 걸 방지하기 위해서다.

어느 임원은 최근 360도 다면진단을 받아보고 깜짝 놀랐다. 업계의 손꼽히는 전문가로서 스카우트되어 온 그는 이전 기업에서도 좋은 성과를 내왔고 자연히 자부심이 높았다. 상사도 이 상무가 업무를 도전적으로 추진력 있게 진행하는 능력을

높이 사주었다. 하지만 전사 임원을 대상으로 시행된 리더십 역량 평가에서 이 상무가 받아 든 성적표는 낙제점에 가까웠다.

그는 비전과 목표를 공유하고 직원들이 최선을 다하도록 동기를 부여하는 영역과 커뮤니케이션 역량, 직원 육성하는 면에서 거의 최하위 점수를 받았다. 서술형 답변에서는 업무 추진력이 뛰어나고, 전문성이 높다는 등 상무의 강점도 언급되었지만 개선점 지적이 압도적으로 많았다. 직원들은 이 상무로 인해 사기가 저하되어 있다고 답했고, 업무 결과가 만족스럽지 못할 때 질타만 할 뿐 가르쳐주거나 필요한 피드백을 해주지는 않는다고 평가했다. 타부서의 협력을 이끌어내지 못하고 리더십이 부족하며 인재 육성에 무관심하다고 냉정하게 평가했다. 리더로서 부적격 수준이라 할 만했다.

이에 대한 상무의 첫 반응은 "말도 안 된다."는 거부였다. 그는 다면진단 결과를 디브리핑해주는 코치에게 불만을 토로했다.

"인간관계 강조하는 거, 그건 다 실력 없는 사람들이 살아남으려고 하는 짓거립니다. 성과를 못 내니까 맨날 술 사주고 밥 사주면

서 정치하러 다니는 거 아닙니까? 직원들에게도 인기 얻으려고 하는 거고요. 뛰어난 직원들은요, 안 가르쳐도 잘합니다. 이렇게 쓰는 애들일수록 실력 없는 거라니까요….”

다면진단 결과 흔히 나타나는 반응이 이 상무처럼 화를 내거나 수용을 거부하는 것이다. 합리화하거나 의미를 축소하기도 한다.

예를 들어 ‘내가 구조조정을 지휘했기 때문에’라거나 ‘새로 온 직원들이 아직 나를 잘 몰라서’라는 식이다. 더 심한 경우로, 응답자를 ‘색출’하는 임원도 가끔 있다. 이러한 반응 자체가 자신이 어떤 사람인지를 드러낸다는 걸 잘 의식하지 못한 채 말이다.

360도 평가, 어떻게 진행하고 디브리핑할 것인가?

다면평가는 본인과 상사, 동료, 부하 직원의 평가까지 전방위적으로 포함한다는 의미에서 360도 평가라고 불린다. 다면진단 결과를 보면서 “왜 직원들이 나를 이렇게 생각하는지 모르겠어요!”라고 푸념하기도 하지만, 이는 거울에 비친 내 모습일 뿐, 왜 저렇게 비춰지느냐고 시비 붙을 일이 아니다.

다면평가를 활용하는 가장 바람직한 태도는 건강검진 결과를 보는 것과 같다. 나의 강점은 무엇이고 개선점은 무엇인지를 파악하여 개선 노력을 하는 데 목적이 있다. ‘완벽한 사람은 없다.’라는 전제를 가지고, 결과를 수용하고 거기에서 뭔가를 배우는 것이 중요할 뿐이다. 필자는 코치로서 다면진단 결과를 디브리핑하는 때가 그들의 인간적 특성이 튀어나오는 진실의 순간임을 종종 느낀다. 내면이 강한 사람은 피드백에 대해 그다지 방어적이지 않지만, 허약할수록 타인의 평가에 더 휘둘리고 격앙된 반응을 보이기 쉽다.

앞서 소개한 상무는 '나는 잘하고 있는데 사람들이 아부 정치를 하라고 압력을 보내는 것'이라고 결과를 해석했다. 하지만 이는 오만한 시각이며, 나르시시스트적인 반응이다. 나르시시즘, 즉 자신만이 특별하고 옳고 선한 존재라는 심리는 인간 누구에게나 있지만, 과도하면 확실히 독이 된다. 임원 평가분야의 세계적 전문가던 스태몰리스는 자신을 과대평가하며 권한욕구가 강하고, 타인을 이용하기만 하고 자신을 내세우는 데 골몰하는 나르시시스트를 임원으로 선발하지 말아야 할 대표적 특성으로 꼽았다. 그리고 이를 조직에 해를 끼치는 유독성 리더toxic leader로 분류했다.

이 임원은 코칭을 받으면서 초기의 인정할 수 없다는 반응에서 벗어나 자신을 객관적으로 보게 되었고, 타인과 교류하는 데 방해가 되어왔던 고립적인 성격 특성과 조급함 등을 극복하기 위한 노력을 하게 되었다. 다음 해 들이 실시한 이 상무에 대한 리더십 평가에서는 긍정적 개선을 보여주었다.

스티븐 코비 박사는 사람들이 "자신에 대해서는 의도로 평가하고, 타인은 행동으로 판단한다."라고 했다. 이는 내가 보는 나와 타인이 보는 나가 다른 이유이기도 하다.

다면진단을 자신에 대한 절대적 평가나 비판으로 받아들이지 말고, 시각의 차이를 가져온 여러 원인들을 이성적으로 생각해봐야 한다. 예를 들어 의도가 충분히 표현되지 않았다거나 특정 지식이나 스킬의 부족, 고유한 성격 특성 등이 그런 차이의 원인일 수 있다. 원인을 파악하면 개선 계획도 세울 수 있는 것이다.

효과적인 다면진단 프로세스
나를 제대로 성찰하기

❶ 정기적으로 실시하기 : 기간 설정

임원 다면진단은 매년 혹은 매격년 정기적으로 꾸준히 실시하라. '측정 있는 곳에 개선이 있다'는 말처럼, 정기적 평가는 임원들에게 자기 인식을 높이고 조직에서 기대하는 바를 알게 하는 계기가 된다. 신규 임원 등 새로 온 조직 구성원에게도 조직 적응에 지침이 될 수 있다.

❷ 평가항목에 조직이 지향하는 가치 담기 : 가치 지향적 평가

무엇을 평가할지를 정하는 것은 조직이 원하는 인재상이 어떤 것인지를 보여준다. 조직이 중시하는 가치와 문화를 적극적으로 반영하여 한 방향으로 정렬시켜야 한다. 도덕성, 기업가 정신, 사업 통찰력, 협동, 커뮤니케이션 역량, 부하 육성, 직무 전문성, 혁신 역량, 글로벌 역량 등 조직에서 중시하는 역량을 포함시켜라. 이 항목들을 정기적으로 평가하고 조정하라.

❸ 비밀이 유지되는 프로세스 관리하기 : 보안 점검

다면평가 시행에 비밀 유지는 핵심적 요소다. 응답자 및 응답 내용에 대해 철저히 비밀 유지를 할 수 있을 때 의미 있는 결과를 보여준다. 이를 위해 다면진단 운영 프로세스와 담당자 등을 철저하게 관리하고, 그 결과를 어느 선까지 공개할 지도 사전에 정하라. 또한 본인 및 응답자들에게도 프로세스를 미리 이해시킬 필요가 있다.

❹ 외부 코치의 코칭을 활용하기 : 전문가 활용

다면진단이 평가에 그치지 않고 역량 개발로 이어지기 위해서는 전문코치에 의한 코칭이 필요하다. 전문코치는 외부 전문가로서 임원들이 방어적인 자세를 벗어나 역량 개발을 위한 실행계획을 세우고 실천하도록 지원해준다.

❺ 피드백 자료로 활용하기 : 임원 역량 개발 지원

직속 상사가 부하 임원에게 피드백을 해주는 자료로 활용하라. 상사가 멘토이자 코치가 되면 임원 역량 개발의 강력한 지원이 된다. 그만큼 상사의 관심과 의지가 중요하다.

25

배움을 멈추면
아무것도 달라지지
않는다

잘해보려고 애쓸수록 도리어 잘 안 될 때가 있다. 골프 스윙 연습할 때, 코치가 옆에서 계속 지적한다. 몸에 힘을 빼라, 머리를 들지 말라, 팔을 휘두르지 말고 몸통의 회전을 이용하라, 공을 끝까지 보라 등등. 문제는 그걸 의식할수록 동작이 어색해지고 몸에 힘이 더 들어간다는 거다. 하나에 신경 쓰면 다른 게 무너지고, 이게 되면 저게 안 되고…. 왜 코치 앞에선 평소보다 더 바보가 될까? 프로 선수들이 최고의 기량을 발휘하는 순간은 이와 완전히 반대 상황이다. 자기가 어떻게 하고 있는지 전혀 의식하지 않고 완전히 집중할 때 몸이 자연스럽게 최고의 동작을 만들어낸다.

책이나 논문이 잘 안 읽히는 날도 있다. 다음 날 마감이라든지 리더십에도 공부가 필요하다. 지향점이 있는 사람에게 공부란 앞으로 나아가면서 깨우치는 과정이고, 그래서 행복할 수 있다. 집중해서 공부하는 시간이 쌓일 때, 리더십은 더욱 단단해질 것이다.

해서 빨리 읽어내야 하는 압박감이 있을 때, 같은 대목을 반복해 읽고만 있지 내용이 전혀 들어오지 않는다. 결국 '망했다.' 하고 포기하는 순간 눈에 들어온 엉뚱한 책을 집어 들었는데, 호기심을 자극하는 문장에 끌려 시간 가는 줄 모르게 읽게 되기도 한다. 그때 읽은 것은 신기하게도 또렷하게 의미가 각인된다.

내 안에는 나를 지시·통제하는 또 다른 내가 있다. 《이너게임》의 저자 티머시 골웨이W. Timothy Gallwey는 이를 셀프 1이라 불렀다. 말하자면 골프 코치의 잔소리를 내면화한 것이 셀프 1이다. 잔소리를 듣는 대상이 셀프 2다. 셀프 1은 계속 말한다.

"또 틀렸잖아!"

"그게 아니야, 바보야!"

심하면 밖으로도 터져 나온다. 평소 아주 우아했던 어떤 분이 골프장에서 미스 샷을 날린 후, "이 멍청아!" 하고 엄청 거친 소리를 꽥 질러서, 우린 깜짝 놀라면서도 얼마나 웃겼는지 모른다. 반전의 모습으로 동반자들을 엄청 웃게 했는데, 결과가 좋아지진 않았다. 혼날수록 셀프 2는 위축되고, 본래 리듬을 잃어버리기 때문이다. 밖에서 벌어지는 아우터게임보다도 내면에서 대립하는 이너게임이 문제인 것이다. 해결책은 무엇일까?

티머시 골웨이는 독특한 사람이다. 하버드대를 다닌 수재에 테니스부 리더였고 대학교수가 되었다. 그는 안식년에 테니스를 가르치면서 사람들의 잠재력을 이끌어내는 효과적인 방법을 터득했다. 지시에 따라 인위적으로 동작을 만들어내는 대신, 몸의 느낌을 인지하면서 완전히 집중하도록 하는 거였다. 셀프 1이 왜 문제냐 하면 바로 집중을 결정적으로 방해하기 때문이다. 그래서 이너게임은 다음과 같은 행동을 중시한다.

❶ 비非평가적 인지awareness

즉 자신을 있는 그대로 느끼고 받아들이려는 노력이다.

❷ 셀프 2에 대한 신뢰Trust

진정한 동기에 따라 전념하게 되면 긴장이 풀린 상태에서 자연스러운 집중이 일어나고, 자기평가나 과잉통제를 일으키는 불안감도 의구심도 사라진다. 걱정도 지루함도 없는 순수한 상태, 이건 바로 미하이 칙센트미하이가 《몰입의 기술》에서 말한 몰입, 즉 플로우 상태와 같다.

❸ 선택Choice

몰입 상태에서 최고의 순간을 경험했던 선수들은 가끔 골웨이를 다시 찾아와, 몰입하는 법을 잃어버렸는데 어떻게 해야 하냐며 조언을 구했다. 그는 셀프 1과 셀프 2가 대립하고 간섭을 일으키기 때문이라며, 셀프 2에 집중하기로 선택하라고 한다.

❹ 많은 연습

스포츠에만 통할 것 같았던 이 접근법은 실은 집중력을 잃기 쉬운 일터에서 매우 유용하게 쓰일 수 있는 것이었다. IBM과 AT&T를 필두로 많은 기업들이 이너게임을 도입하기 시작했다. 타율적인 간섭과 질책을 거두고, 스스로의 인지를 극대화하여 목표에 몰입하도록 집중하는 것, 이너게임의 이러한 원리는 코칭의 기본 철학과 같다. 그런 의미에서 코칭은 이너게임의 원리에 뿌리를 두고 있다고 봐도 무방할 것이다.

오래전에 《존 카밧진의 처음 만나는 마음 챙김 명상》을 읽었다. 자신에게 일어나는 모든 것을 판단하지 말고 바라보라고 한다. 그 책을 읽으면서 나는 자신을 친절하고 부드럽게 대하는 것이 얼마나 중요한지 깨달았다. 자신 스스로를 쥐어박고 비난하는 사람이 타인을 어떻게 대하겠는가? 자신을 친절하게 대하지 못하는 사람이 타인에게 자비심을 갖기란 어렵다. 자비심이야말로 타인에 대한 공감 능력의 기본이다.

나를 위한 공부를 멈추지 마라

요즘이 대학원 면접 시기라서, 내가 있는 대학의 리더십과 코칭 전공 MBA에 지원하는 분들과 얘기를 나누었다. 나이가 많든 적든, 경력이 길든 짧든 다시 배우는 여정에 나서는 게 참 설레는 일인 것 같다. 10년 혹은 20년 만에 다시 학생이 되려는 지원자들에게서 조용한 흥분과 희망의 에너지가 강렬하게 느껴졌고 면접을 보면서 나도 그 에너지에 감염이 되는 느낌이었다.

나도 직장에 다니고 두 아들을 키우면서 학위 과정을 마쳤다. 내가 대학에 다니던 80년대엔 대학원 진학이나 유학은 부유해야 가능하다고 생각해서 아예 꿈도 꾸지 않았다. 그러다 돈을 벌고 물정도 좀 알고 나서야 대학원에 갔다. 만학도로서 마침내 박사 학위를 받던 날, 학교 측이 마련한 축하 자리에서 사회자가 둘째 아들 승수에게 마이크를 주며 한마디 하라고 했다.

"밤중에 깨어 나가보면 엄마가 책상 앞에 앉아 꾸벅꾸벅 졸고 있는 적이 많았는데…."라고 해서 사람들을 웃게 하더니 "졸면서도 계속 공부해서 박사가 된 걸 보니 역시 노력이 중요한 것 같다."고 마무리했다. 어른들이 듣고 싶어 하는 말로 결론을 내린 탓인지, 승수가 말 잘한다고 칭찬을 받았던 기억이 난다.

실제 직장 다니고 아이들 키우면서 공부를 한다는 게 보통 일이 아니었다. 과제도 많고 읽을 것도 많고 시험과 발표는 왜 그렇게 자주 돌아오는지! 하지만 막상 학교에 가려고 차에 타서 운전대를 잡으면 마음이 행복했다. 아랫배 밑에서부터 알 수 없는 충만감이 밀려 올라왔다. 마땅히 할 일을 하는 사람의 안정감이랄까, 그런 느낌이었다. 교실에 학생으로 앉아서 배우고 듣는 것 자체가, 실용적인 목적을 떠나서 참 좋았다. 동기들과도 다른 인간관계와는 다르게 격의 없이 친해진다. 있는 그대로, 때론 부족하고 못난 모습까지 서로 공유하기 때문일 것이다.

스스로를 괴롭히지 않으면 배우는 것도 없다

한번은 지인 한 분이 '공부가 뭐라고 생각합니까?'라고 질문을 던졌다. 보통 이런 질문은 생각하는 바가 있어서 하기 때문에, 나는 점잖게 되물어보았다.

"뭐라고 생각하시는데요?"

역시, 그의 준비된 답이 바로 돌아온다.

"공부란 'As-is'와 'To-be' 사이의 간격을 좁히는 모든 활동"이라고 정의를 내린다는 거였다. 와! 참으로 명쾌한 설명이다. 군더더기 없이 한마디로 똑 떨어진다. 공부라는 건 원하는 곳으로 가는 다리를 놓는 것이다. 그러니 지향점이 있는 사람에게 공부란 앞으로 나아가면서 깨우치는 과정이고, 그래서 행복한 것이다.

축구 선수 출신 감독인 지안프랑코 졸라는 이렇게 말했다.

"리더가 되고 싶다면 리더처럼 생각하는 법을 배울 필요가 있다. 모든 사람이 당신처럼 생각할 것이라는 착각을 머릿속에서 지워야 한다. 나는 적어도 하루에 한 시간은 리더십을 공부하는 데 투자한다. 경기를 준비하는 법보다 리더십을 공부하는 것이 내게 더 중요하다."

구성원들에게 진심으로 존경받는 리더가 되고 싶다면, 조직을 위기에서 구해내고 '성과'와 '혁신'이라는 두 마리 토끼를 동시에 잡고 싶다면, 공부를 멈추지 말아야 한다. 바쁜 시간을 쪼개서라도, 없는 시간을 만들어내서라도 깊고, 넓게 공부하라. 공부에 행복만 따르겠는가? 힘들고 어렵게 하는 일일수록 얻는 것도 많아지는 법이다.

내가 헬싱키에서 MBA 과정을 할 때다. 무섭기로 소문이 나서 별명이 '미저리'인 여자 교수님께 국제경영론을 배웠다. 학생들에게 관심이 많으셔서 온화하다고 생각했는데, 공부에 관한 한 봐주는 것이 없었다. 한 번은 학생의 발표를 듣다가 중단시키고는 혹평을 퍼부었다.

"이 발표에서 '전략'이라는 걸 찾아볼 수 있나요? 노!"라고 말하며, "빵점짜리 발표"라고 망신을 주었다. 그러면서 내가 평생 잊지 못할 말을 했다.

"MBA를 통해 여러분이 배워야 할 것은 '전략'이지, '사람들을 즐겁게 해주는 쇼'가 아닙니다."

그날 이후 헬싱키 중앙역 앞 펍에서 노닥거리며 맥주 마시던 학생들이 눈에 띄게 줄어들었고, 나도 밤새 발표 준비를 해야 했다.

나의 멘토이자 코치인 한근태 교수님은 학습법에 관심이 많은데, 학습의 원칙을 'No Pain, No Gain.'이라고 정리해주었다. 스스로를 괴롭히지 않으면 배우는 것도 없다는 거다. 편안하고 쉬운 공부에서는 남는 게 없다. 어려운 문장을 이해하려고 머리를 쥐어짜고 졸음을 참으며 몸을 괴롭히면서 얻어지는 게 공부다. 그렇게 보면 결국 배운다는 건 사서 하는 고생이다. 사서 하는 고생길에 들어서려는 모든 리더에게 존경을 보낸다.

26

세상을 움직이는
조용한 리더의 힘

우리가 자주 접하는 리더들의 모습은 대체로 활발하고 활동적이다. 2015년 미 프로농구NBA LA 클리퍼스의 스티브 발머Steve Ballmer 구단주가 축하 공연 중 객석에서 신나게 몸을 흔들며 춤추는 모습이 한동안 화제에 올랐다. 객석에서 사람들과 함께 춤을 춘 발머는 마이크로소프트에서 최고경영자를 지낸 바 있다.

이처럼 외향적인 사람들은 만나서 큰 소리로 인사 나누는 사람들에 가깝다. 반면 내성적인 사람들은 그런 사람들을 멀리하는 사람들이라는 농담이 있다. 그만큼 다른 사람들과 만나서 교류하는 데서 에너지를 얻는 쪽이 외향형이라면 혼자만의 공간과 시간을 가질 때 에너지가 충전되는 사람이 내향형이다.

당신은 스스로 내성적인 리더라고 생각하는가? 그렇지 않다고 여기는가? 경영 전문지 〈엔터프레너Entrepreneur Magazine〉에서는 내성적인 리더를 이렇게 정의했다.

첫째, 새로운 일을 추진할 때 충분한 진단을 통해 해결책을 강구하는 리더.

둘째, 표정 변화가 거의 없고 자신의 속내를 쉽게 드러내지 않아 예측하기 힘든 리더.

셋째, 자신의 생각을 말보다는 이메일 같은 간접적인 수단으로 표현하기를 즐기는 리더.

이 중 한 가지라도 해당된다면 당신은 내성적 성격을 가진 리더다. 내성적인 리더들은 어떤 의사결정을 할 때 철저하게 분석, 준비한다. 그런 반면에 많은 사람을 만난 뒤 에너지가 고갈되며 자신의 생각과 감정을 표현하는 것이 쉽지 않아 부하들과의 소통이 어렵다. 이것이 내성적인 리더들의 약점이다. 내성적인 리더들은 전체 회의를 주재해야 하거나 많은 사람 앞에 나서야 하는 상황을 무의식적으로 회피하고, 작은 그룹 규모의 커뮤니케이션을 주로 한다. 하지만 이런 행동이 누적되면 리더의 존재감은 줄어들고, 구성원들이 리더의 생각을 공유하지 못하게 된다. 따라서 전략적으로 생각하고 행동해야 한다.

전체 회의 때나 많은 사람 앞에 나설 때 문제를 겪고 있다면 다음과 같은 방법을 활용해보자. 우선 기획과 준비를 충실히 해야 한다. 기획과 준비는 숙고하는 내향형들의 장점이다.

내성적인 성격이 리더십에 미치는 긍정적인 영향

〈월스트리트저널〉에 의하면 캠벨 수프 컴퍼니Campbell Soup Co. CEO인 더글러스 코넌트Douglas Conant는 "외향적인 사람들이 관심을 독점하기는 하지만" 많은 내성적인 사람들이 경영자로서 훌륭한 성과를 보인다고 말했다. 와튼경영대학원 교수인 아담 그랜트Adam Grant 역시 내성적 리더의 강점을 인정했다. **"내성적인 사람들이 더욱 훌륭한 상사이다. 혁신과 세계화가 가속화됨에 따라 불확실성이 증가하면서 지금이야말로 어느 때보다 내성적 리더에게 유리한 시기이다."**

내성적인 성격이 리더십에 미치는 긍정적인 영향은 심리 분야에서도 관찰된다. 독일의 정신의학자 보르빈 반델로Borwin Bandelow은 수줍은 사람들일수록 야심이 큰데, 현실과 이상의 간극을 메우고자 하는 완벽주의적 성향이 거꾸로 엄청난 동기부여가 되어 열심히 노력하게 만든다고 분석했다.

실패에 대한 두려움이 결과적으로 성공 확률을 높인다는 것이다.

내향형 리더들은 구성원들의 잠재력을 이끌어내는 데도 매우 뛰

내성적인 사람들은 '나 혼자 할 수 있어.'라는 생각에 사로잡혀 있기 쉽다. 타인과 관계 맺는 것이 불편하기 때문에 무의식적으로 네트워킹을 거부하기 쉽다. 그러나 이처럼 스스로 고립시키는 행동은 자신과 조직에 마이너스일 뿐이다.

어나다. 대담하고 자기주장이 강한 외향적인 리더는 지배적인 성향 때문에 자칫하면 구성원들을 수동적인 존재로 만들기 쉽지만, 내성적인 리더는 자연스럽게 사람들의 의견을 경청하고 아이디어를 자유롭게 펼칠 수 있는 기회를 준다. 지시형이 아닌 코치형 리더십을 자연스럽게 발휘할 수 있다는 뜻이다.

반면에 내성적인 리더가 좀 더 신경 써야 할 점들은 무엇일까?

우선 자신을 잘 알고, 강점을 강화해야 한다. 내성적인 사람들은 보통 깊이 있고 진실한 관계를 추구하며, 어떤 사안을 조사하고 분석하는 능력이 뛰어나다. 신중하기 때문에 말실수가 적고, 타인에게 신뢰감을 준다. 또한 대체로 지적인 취향을 갖는다. 이런 강점을 포함하여 또 다른 자신의 성격적, 기질적 강점이 많을 것이다. 내향형이기에 빛나는 인간적인 매력이 있다. 매력이 자본인 시대다. 그래서 자신을 알고, 자신감을 갖는 것이 중요하다. 자신을 안다는 것은 무엇일까? 자신의 강점, 에너지, 가치관, 성격 스타일 등 자신을 있는 그대로 아는 것이다.

리처드 기어나 마릴린 먼로가 엄청나게 수줍음을 많이 타는 사람이라면 믿겠는가? 그들만이 아니다. 시고니 위버, 톰 행크스, 브래드 피트… 그들 모두는 겁 많고 소극적인 인간에서 정반대로 변신했다고 자기 입으로 털어놓았다.

세계적인 스타로서 성공하는 데는 실패에 대한 두려움 앞에서 완벽을 추구했던 엄청난 노력이 중요했다. 가능한 한 모든 실수가 제거될 때까지 끈질기게 물고 늘어졌기 때문이다. 그러나 노력이 다는 아니다. 그들이 지금의 자리에 올라선 것은 무엇보다 내성적인 그들 고유의 매력이 발산되었기 때문이 아닐까? 외롭고 삶에 대해 회의하고 불안했던 그들의 내면이 배우로서의 카리스마와 결합되었을 때 대체 불가능한 매력적인 캐릭터를 빚어낸 게 아닐까 한다.

네트워킹 역량을 키워라

한국인으로 글로벌 기업 본사 최고위직까지 승진했던 사람에게 어떻게 글로벌에서 성공했는지를 물었다. 그는 대답으로 한 가지 에피소드를 들려주었다. 차장 시절에 지방의 공장에서 일할 때였는데, 아태지역본부의 외국인 간부들이 출장을 와서 회의를 하고 함께 식사를 했다. 거기서 외국인 간부가 "당신들을 알게 되어 좋고, 대화도 즐거웠다."면서, 아태본부가 있는 도쿄에 오면 자기 사무실에 방문해서 얘기하자고 하더라는 거였다. 그 후 그는 도쿄에 가게 되면 꼭 비서실에 전화해서 약속을 잡고 30분이라도 대화를 나누곤

했다. 반면 식사 자리에 함께 있었던 다른 동료들은 도쿄에 가도 연락을 하지 않았다. 용건도 없이 찾아가자니 쑥스럽고 바쁜 사람을 방해하는 거 같고, 영어를 하는 게 귀찮기도 했을 것이다. 그는 이렇게 말했다.

"제가 빨리 승진할 수 있었던 것은 외국인 간부에게 한 번이라도 더 연락하고 소통하려 했던 노력에서 비롯되었습니다. 솔직히 능력 면에서 동료들과 제가 차이가 나야 얼마나 나겠습니까? 다만, 저는 그들과 대화하면서 더 잘 이해하게 되었고 신뢰도 쌓게 되었던 거죠. 연락하라는 말은 똑같이 들었지만 그들은 하지 않았고 저는 했던 그 차이가 나중에 많은 차이를 만들어낸 거 같습니다."

사람 간의 네트워킹이 얼마나 중요한지를 보여주는 사례다.

내성적인 사람들은 '나 혼자 할 수 있어.'라는 생각에 사로잡혀 있기 쉽다. 타인에게 다가가서 관계 맺는 것이 불편하고 긴장되기 때문에 '각자 몫을 해내면 되고, 실력으로 보이면 되지. 굳이 남을 귀찮고 수고롭게 할 필요는 없잖아?'라고 합리화하기 쉽다. 도움을 청하지도 않고 적극적으로 나서지도 않는다. 대인관계가 좋은 사람을 보면, 저 사람은 일할 시간에 딴짓을 하는 것 같고, 실력이 아닌 친분으로 문제를 푸는 아부꾼처럼 보이기도 한다. 하지만 착각이다. 오늘날과 같은 네트워크 시대에 스스로 고립시키는 행동은 자신에게나 조직에게나 마이너스일 뿐이다.

'관계 맺기', 즉 네트워크 능력을 키우려면 무엇을 해야 할까?

우선 사람 이름을 기억하는 것부터 시작해보도록 하자. 먼저 안부 전화를 걸어보자. 매일 점심 약속을 잡고 다양한 사람들과 함께 식사를 해보자. 누군가, 예를 들면 신입사원이라도 도움을 필요로 하거나 곤경에 빠져 있다면 먼저 손을 내밀어보자. 주변과 고민을 나눠야 할 때면 부하 직원들에게 스스럼없이 토론을 청하자. 나아가 서로 알면 좋을 것 같은 사람들을 소개하며 연결해주자. 이런 행동들은 모두 인간관계를 돈독하게 하는 결정적인 순간을 만든다.

의사소통을 넘어 단단한 연결고리를 만드는 관계의 기술

하지만 단단한 관계를 맺기 위해서 무엇보다 중요한 것은 따로 있다. 세계적인 리더십 전문가 존 맥스웰은 저서 《리더십 불변의 법칙》에서 관계 맺기에 신경 쓰는 리더라면 상대방에게 진심을 보이며, '마음을 먼저 움직여야 한다.'고 강조했다.

주변을 둘러보자. 내가 당장 위기에 빠졌을 때 발 벗고 나서줄 사람은 몇 명이나 되는가? 명함첩에서만 살아 숨 쉬는 얕은 친분이 아닌, 진심으로 나를 믿고 신뢰하는 사람들은 누구인가? 내 인맥의 깊이는 얼마나 되는가?

내성적이라 해서 사람들과의 관계를 경시해서는 안 된다. 내성적인 리더일수록 한 번 맺은 관계에도 성의를 기울이기 때문에 관계에 오히려 강점이 있다. 또한 거들먹거리기보다 겸손하며 잘 들어주기 때문에 더 깊은 호감과 신뢰를 주고받을 수 있음을 기억하자.

27

나는 얼마나
우리를 대표할 수
있는가?

비즈니스의 세계는 끝없는 경쟁의 현장이다. 가히 전쟁이라 부름직하다. 발표 자리는 어찌 보면 자신과 조직을 마케팅하고 알리는 중요한 전장이라고도 할 수 있다. 이러한 전장에 선 결정적인 순간, 리더가 어쩔 줄 몰라 한다면 그 조직은 어떻게 될까?

일반적으로 리더에게는 외향성이 필요하다. 혼자 숙고하는 것도 필요하지만, 비전과 전략을 가지고 사람들과 활발하게 의사소통하고, 이슈를 제기하고 이끌어가는 역할을 해야 하기 때문이다. 그렇다고 해서 내성적인 사람들이 발표를 못하고, 리더십 또한 부족할 것으로 보면 큰 오해다. 크게 성공한 리더 중에는 내성적인 사람도 많다. 마이크로소프트의 빌 게이츠가 조용한 내향형 성격이라는 건

"사람들이 가장 두려워하는 일은 지진이 아니라 많은 사람 앞에서 연설하는 것이다."라는 농담이 있다. 경영자들 중에서도 사람들 앞에 서기를 두려워하는 이들이 많다. 특히 내성적인 리더는 남들 앞에 나서는 걸 큰 공포로 받아들인다.

널리 알려진 얘기다. 하지만 본인과 조직의 비전을 내보여야 하는 자리에서는 능숙하진 않지만 진실 되게, 듣는 이의 가슴을 울리게 하는 발표를 선보였다.

아주 중요한 자리일수록, 높은 사람 앞에서 잘 보이려고 노력할수록, 우리는 이상하게 더 바보가 된다. 오늘따라 옷도 제대로 못 입은 것 같고, 말은 버벅거리고 표정도 어색하다. 어떤 말을 하면 좋을지 머리에 쥐가 날 정도로 생각하지만 그럴수록 말이 엉킨다. 당연하다. 잔뜩 긴장하면서 잘 보이려고 하는 것도 결국 초점이 나에게 있는 것, 매우 자기중심적인 상태에 빠져 있기 때문이다. 내가 괜찮은지 생각하느라 급급하여, 상대방에 대한 관심과 주의를 놓치게 되기 때문이다.

발표 자리도 마찬가지다. 나에게 초점을 두고서 잘하려 하면 할수록 잘 안 된다. 20여 년 전 일이다. 함께 일하던 동료의 부탁으로 리더들 앞에서 직무교육을 하게 되었다. 긴장해서 정신없이 겨우 마치고 단상을 내려왔다. 동료에게 강의가 어땠느냐고 물었더니 목소리가 너무 작았다고 한다. 신통치 않았다는 말이다. 그때는 정말 작은 목소리가 문제인 줄 알았다. 하지만 나중에 강의를 많이 하게 되자, 경험이 가르쳐주는 게 있었다. 목소리는 전혀 문제되지 않는다.

강사가 아무리 우렁찬 목소리로 웅변을 해도 대다수가 졸기도 하고, 소곤거리듯 조용히 해도 100퍼센트 주의 집중을 하기도 한다.

청중이 100퍼센트 집중하게 하는 비결은 역설적이게도, 발표자가 얼마나 자신을 버리고 청중에게 집중할 수 있느냐에 달려 있다. 발표에 대한 부담감을 버릴수록 호흡도 생각도 자연스러워지고 그들과 연결이 된다. 청중에게 집중한다는 건, 그들의 상태에 주의를 기울이고 그들의 입장에서 무엇을 말해야 할지, 어떤 태도로 말해야 할지를 자연스럽게 아는 것이다. 20년 전 문제의 강의를 마친 후 나는 청중이 어땠는지 하나도 기억하지 못했다. 내가 진땀을 흘렸다는 것만 선명하게 기억할 뿐.

결국 상대방에게 순수한 관심을 가지고 주의를 기울일수록 나 중심적인 긴장도 사라진다. 억지로 잘 보이려는 노력도 중단하는 게 좋다. 실제보다 잘 보이려고 하는 일은 누구에게나 무척 힘든 일이다. 완벽한 척 마스크를 쓰면 진실한 마음에서 나오는 파워가 사라져버린다.

청중이 50명이든 500명이든 그들은 잠재적으로 서로 연결되어 있다. 만약 다소 엉뚱한 질문이나 반응을 무시하거나 면박을 주면 청중 전체가 무안해하고 불쾌감을 느낀다. 반대로 존중하는 태도로 유머를 써서 답히면 많은 사람이 인도하며 존중받았다고 느낀다. 한 예로 1700년대의 이탈리아의 문학가 조반니 카사노바가 당대 유럽 최고의 인기남이 된 비결 또한 자신이 아니라, '상대 여인'

을 세상에서 가장 아름답고 귀한 사람처럼 느끼게 해준 데 있었다. 그게 정말이라면, 그는 진짜 '뭘 좀 아는 사람'이었던 게 분명하다.

내가 잘난 사람이란 걸 어필하는 것과, 상대방이 자기를 괜찮은 사람으로 느끼게 해주는 것은 완전히 다른 얘기다. 자기중심적인 사람은 아무리 잘생기고 잘났어도 이상하게 매력이 없다. 기본적으로 자기만 생각하기 때문이다. 이 경우에는 누군가와 깊은 연결을 맺기가 어렵다. 리더십도 핵심은 자기중심성을 내려놓고 상대방과 연결되는 것이다.

'내가 다 해야 할 것 같은' 부담감을 떨쳐라

전미경력개발협회National Career Development Association에서 올해의 경력 개발 코치 상을 수상하기도 한 제니퍼 칸와일러Jennifer B. Kahnweiler는 저서 《현명한 리더는 작은 소리로 말한다》에서 내성적인 리더들에게 '4P 리더십'을 권했다. 4P 리더십이란 '준비Prepare-존재감Presence-추진Push-연습Practice'의 단계를 거쳐 사람들 앞에서 자신의 의견을 피력하는 방법을 말한다.

❶ 준비 단계

회의나 발표 자리의 목적을 명확하게 체크하고, 상황에 적합하게 의제를 다듬는 단계.

❷ 존재감 단계

보디랭귀지를 이용하여 청중과 교감하고, '나는 해낼 수 있다.'는 자신감을 가지고 존재감을 각인시키는 단계.

❸ 추진 단계

어떻게 에너지를 가지고 대담하게, 독창적으로 말할 것인지 전략을 마련하는 단계.

❹ 연습 단계

기회가 닿을 때마다 시도하고, 지속적으로 반복하며 본인이 피력할 내용을 체화해나가는 단계.

준비 단계에서는 회의나 중요한 자리에서 전할 말의 계획을 세우고, 존재감 단계에서는 그 순간과 '자신이 발 딛고 서 있는 그 자리'에 충실하며 주변 사람들에게 자신의 존재를 알리는 것이 중요하다. 추진 단계에서는 스스로 편안하게 느끼던 기존의 틀에서 벗어나 과감하게 리스크를 감수하는 도전을 실행해보고, 연습 단계에서는 이렇게 학습한 행동을 완전히 자신의 것으로 만들기 위해 지속적으로 반복해 익혀야 한다.

'내가 다 해야 할 것 같은' 부담을 떨치고, 중요한 때에 짧고 영향력 있는 발언을 할 수 있게 준비하는 게 좋다. 정말 좋은 아이디어를 갖고 있다면 확신 있게 말하는 스킬도 중요하다. 말이 많을 필요는 없지만 명쾌하고 확신 있게 말하기 위해 노력할 필요가 있다.

그렇다면 어떻게 회의나 중요한 자리에서 구성원들에게 메시지를 힘 있게 잘 전달할 수 있을까?

❶ 주저하지 말고 말하기

끼어드는 것이 무례해 보일까 봐 참고 있지 말자. 필요하다 싶으면 주저하지 말고 무조건 말하는 편이 좋다.

❷ 단순할수록 좋다

KISS, 즉 짧고 단순하게Keep It Simple & Short 말하자. 말이 길고 장황해서는 듣는 이들을 지루하게 만들고 흥미를 떨어뜨리게 된다. 가능한 한 짧고 단순하게 표현하도록 노력해야 한다.

❸ 의미를 잘 파악하며 듣는 경청 기술을 발전시키기

이야기를 잘하는 것 못지않게 중요한 것이 남의 이야기를 잘 듣는 것이다. 즉, 상대의 말에 귀 기울이고 이해하고 공감하는 '경청 기술'을 발전시켜야 한다. "비즈니스에 성공하려면 30을 말하고 70을 들으라."는 '30 대 70 법칙' 역시 '경청'의 중요성을 강조한 말이다.

❹ 자신감 있는 태도로 말하기

눈을 맞추고 표정을 편안하게, 말소리는 명확하게 유쾌한 톤으로 '하하' 하고, 웃을 때는 큰 소리로 웃자. 이런 비언어적인 신호는 상대방에게도 확신과 열정을 전달하기 때문에 설득력이 높아진다. 한마디로 메시지의 힘을 강화시키는 것이다.

28

쉼은 나를 키우는
공간이다

한국의 리더들은 성실하고 부지런하며, 집중력이 강하고 성취동기가 높다. 바깥에서 생각하는 것보다 더 사심 없이 조직을 위해 헌신적으로 일한다. 존경스럽다. 그렇다면 그들에게 가장 결여된 것이 무엇일까? 15여 년간 경영자 코칭을 해온 나는 그 대답으로 '행복을 느끼는 능력'이라고 하겠다. '행복을 느끼는 순간'이야말로 앞으로 더 먼 길을 달려갈 수 있는 계기가 되는 '결정적 순간'이다. 보통 리더는 뭔가를 이루었을 때 잠시 머물러 행복을 느끼고 팀과 축하를 나누며 기쁨을 만끽하기보다는, 바로 다음 과제를 향해 바삐 달려 나간다.

일은 무조건 생산적이고 유용하며, 휴식과 노는 것은 낭비일까?

장자莊者는 '유용함'을 이렇게 묻는다. "걸어가는 데 발을 딛는 땅만이 유용하다고 말할 수 있겠는가? 발을 딛는 만큼만 땅이 있고, 나머지가 완전 허공이라면 과연 사람이 걸을 수 있겠는가?"

아마 걸을 수 없을 것이다. 쓸모없는 것이 있어야 비로소 유용한 것이 기능할 수 있다는 것. 이것이 바로 장자가 가르치는 '쓸모없는 것의 쓸모 있음', 즉 무용지용無用之用이다. 일과 휴식도 그런 조합이다. 즐기고 사랑하는 데서 기쁨을 얻고 존재를 확인하는 과정이 없다면 치열하게 일하는 의미도 사라질지 모른다.

우리 안의 노예 감독관

내가 한창 열심히 직장생활을 할 때는 쉬면 오히려 마음이 불편했다. 시간을 허비한 느낌이 들어서였다. 쉬고 난 일요일 저녁에는 미묘한 죄책감까지 발동하면서 괜히 기분이 나빠졌다. 그럴 땐 아이들에게 잔소리를 하는 걸로 투사했던 것 같다. 우리 마음에는 노예 감독이 있다고 한다. 쉴 새 없이 더 열심히 하라고 몰아붙인다. 쉬거나 빈둥거리는 걸 스스로 용납하지 않는다. 노예 감독관의 목소리는 주로 어릴 때 부모님이나 어른들이 대했던 방식이 내면화된 것이라, 무의식에 깊이 자리 잡는다. 문제는 비합리적인 수준인데도 여전히 우리 감정과 행동을 조정한다는 것이다.

일만 하고 휴식을 모르는 사람은 브레이크가 없는 자동차 같아서 위험하기 짝이 없다. 제대로 일할 줄을 모르는 사람도 모터가 없는 자동차 같아서 아무 소용이 없다. 제대로 쉴 줄 아는 사람이 제대로 일할 줄 아는 사람이다.

내가 좋아하는 소설가 김연수는 이런 글을 썼다.

"시를 읽는 즐거움은 오로지 무용하다는 것에서 비롯한다. 하루 중 얼마간을 그런 시간으로 할애하면 내 인생은 약간 고귀해진다…. 시를 읽는 동안 우리는 어쩔 수 없이 무용한 사람이 된다. 시를 읽는 일의 쓸모를 찾기란 무척 힘들기 때문이다. 아무런 목적 없이 날마다 시를 찾아서 읽으며 날마다 우리는 무용한 사람이 될 것이다…. 아무런 이유가 없는 데도 존재한다면, 우리는 그것을 순수한 존재라고 말할 수 있으리라."

정말 좋은 글이다. 잘 썼다. 노예 감독관에겐 무용함으로 맞서는 거다.

밴드 '장기하와 얼굴들'의 노래 '별일 없이 산다'를 처음 들었을 때 난 이 밴드에 다시 한 번 놀랐다. 혹시 모르시는 독자라면 그 노래를 들어보시기를 권한다. 완전 발랄한 전복적 가사 때문이다.

"별일 없이 산다, 그런데 별다른 고민 없다, 하루하루가 즐거웁다."로 이어지는 라임에 앞서 장기하가 부르는 첫 가사는 "니가 들으면 십중팔구 불쾌해질 얘기를 들려주마."다. 확신하건대 이건 분명 노예 감독들에게 한 방 먹이는 노래다.

한번은 운동을 하다 다리를 다치는 바람에 집에서 두어 달 쉬게 되었다. 몸의 회복이라는, 비생산적이기 짝이 없는 이유로 집에 머무르며 그래서, 내 인생은 고귀한가를 생각해봤다. 환자라, 가족과 친구로부터 살뜰한 돌봄을 받는 존재가 되어봤다. 아, 좋다! 예전엔 약속을 정해야 했는데 아무 때나 집으로 오면 만날 수 있는 나는 지인들에게 아주 가용한 존재가 되어봤다. 기분 괜찮다! 바쁜 일정 탓에 대충 넘길 뻔했던 번역 원고를 더 찬찬히 정성을 기울여 고치게 되었다. 뿌듯하다! 목발을 짚으니 작은 문턱 하나가 얼마나 커다란 장애가 되는지 깨닫게 되었다. 더 공감한다! 저녁 네온사인이 켜진 술집에서 친구들과 맥주 한잔하는 게 얼마나 즐거운 경험인지 절감하게 되었다. 삶을 더 즐기고 싶다!

리더들은 휴가를 가면서도 마음속으로 죄책감을 느낀다. 그럴 때 마음속 노예 감독관임을 알아보라. 쉬는 것은 우리에게 공간을 주는 것이다. 그래서 쉴 때, 삶을 즐길 때 그만큼의 반향이 돌아올것이기 때문이다. 자신을 믿고 쉬어라.

그럼 어떻게 쉬는 게 좋을까? 소파에 길게 누워 TV를 보는 것은 수동적인 휴식이다. 능동적 휴식은 뭔가에 몰입하여 즐기는 휴식이다. 이런 휴식은 재충전과 성장, 상쾌함을 가져다준다. 와인에 관심 있는 사람은 와이너리가 있는 곳으로, 사진을 즐기고 싶다면 카메라를 챙겨 좋은 풍광으로 여행을 떠나보라. 온전히 자기 자신이 되는 명상을 원하면 템플 스테이나 명상 캠프도 좋다. 현업은 아니라도 준전문가가 되고 싶은 분야를 정해서 거기에 몰입해보라. 영화를 좋아하면 나만의 영화 프로그램을 짜서 섭렵해보고, 중국어를 배우고 있다면 관광만이 아니라 어학연수를 겸한 휴가를 가라.

아니면, 시를 읽으며 잠시 무용해지고 또 고귀해지는 시간을 가지라고 권해주고 싶다. 무엇이든 자기 자신이 정말 원하는 것을 하고, 나 자신이 되어보는 체험에 방점을 찍어 보자. 남들 눈치, 가족 눈치에 적당히 타협하는 휴가는 효과도 반감된다. 이런 리더의 멋진 일탈형 휴가가 조직의 창의성에 촉매제가 되기도 한다.

어느 서울대 교수는 '자발적 고독'을 자처한다. 경기도 가평군 호숫가에 살면서 일주일에 3~4일간 두문불출하며 혼자만의 시간을 갖는다. 아침에 일어나 그가 가장 먼저 하는 일은 골방 한가운데 반가좌를 틀고 앉아 그날 하루를 깊이 생각하는 것이다. 혼자 있는 시간은 그에게 놀라운 성찰과 생산성을 안겨다줬다. 최근에 그는 500쪽에 육박하는 두툼한 책 두 권을 동시에 내기까지 했다.

철저히 혼자만의 시간과 공간을 확보한 결과였다. 그 이야기를 들었을 때 이 교수는 단수가 높은 사람이라는 생각이 들었다. 혼자서 차분히 생각을 정리하고, 머리를 비우며 맑게 하는 시간은 분주하게 이 일 저 일로 머릿속이 소란스럽고 산만해진 리더들에게도 매우 필요하다. 그 시간은 뭔가 새로운 생각과 성찰이 자연스럽게 익어가고 뜻밖의 세렌디피티를 가져올 수 있는 스페이스가 되어줄 것이다.

휴식을 할 때 가장 중요한 것은 스스로 즐기는 마음을 갖는 것이다. 아기가 한 걸음을 떼었을 때 경탄을 금치 못하는 젊은 부모처럼, 작은 변화도 예민하게 눈치 채는 애인처럼, 그렇게 삶에 민감하고 자주 감동할 일이다. 남의 인정을 얻기 위해 열심히 일만 하는 그런 존재가 되기에는 우리는 너무 귀하다. 진정한 행복을 누릴 줄 알고 그에서 존재를 확인하는 리더가 되기 위해, 즐기고 느끼는 스페이스를 스스로에게 허용하라.

결과는 선택할 수 없지만,
대응은 우리가 선택할 수 있다

지금 우리 사회에는 거센 도전이 밀어닥치고 있다. 어떤 사람은 지금을 민족의 명운을 갈랐던 구한말의 혼란기에 비교했다. 그것도 지나친 말이 아니라는 생각이 든다. 세계의 정세는 수십 년간 이어져온 자유무역주의 국제질서의 일대 재편 기운이 감돌고 있고, 경제는 근래 겪어보지 못한 저성장으로 그야말로 참조할 사례가 없는 상태다. 4차 산업혁명이 시작되고 있으며, 극심하고 빠른 경쟁 속에서 누구도 정답이라고 확신을 가지고 해결책을 내놓지 못하는 상황이다. 리더들에게 더 나은 사회, 더 효과적인 조직, 더 높은 성과를 요구하는 압력은 높아지고 있는데, 따라갈 정도正道가 없는 것처럼 느껴지는 시기다.

이런 혼란기일수록 원칙 중심의 리더십이 중요하다고 생각한다. 눈앞의 작은 이해관계를 넘어서서 본질적으로 '왜 이 일을 하는가?'에 대한 답을 분명히 하는 사명감, '우리는 어디로 나아가는가?'에 대한 방향을 잡는 비전, 그리고 '우리가 중요하게 생각하는 가치는 무엇인가?'를 고민하며 가치관을 가슴에 새기는 일. 이런 기본을 충실히 다진 리더가 이끌어가는 조직과 사회는 비록 단기적으로 혼란을 겪더라도 결국은 앞을 향해 전진한다고 믿는다. 세상에 존재하는 모든 것들이 흔적을 남기듯이, 모든 노력과 에너지는 무엇인가를 결과한다.

물론 우리가 결과를 통제할 수 없다는 것은 엄연한 진실이다. 그렇기 때문에 경영에 책임지고, 조직을 이끌어나가며, 성과를 내야 하는 리더들의 중압감과 두려움이 어느 때보다 커지는 시기이다. 그동안 나 역시 코치로서, 경영자로서, 교수로서 여러 도전 앞에서 흔들리고 두려워했고, 확신이 부족한 가운데 한 걸음씩 내디뎌온 것 같다. 많은 리더들 역시 그럴 것이다. 혼란과 경쟁 속에서 늘 분투하는 리더들에게 이 책이 캄캄한 리더십의 길을 밝히는 등대 같은 존재가 되어줄 것이다. 조근조근하게 다른 사람의 사례도 들려주고, 생각을 전개해가는 데 작은 자극도 전해주면서 함께 위기를 돌파할 동반자가 되길 기대한다. 결과는 우리가 선택할 수 없지만, 대응은 우리가 선택할 수 있기 때문이다.

심리학자 윌리엄 제임스William James는 "인간의 잠재력에 비하면 우리는 반쯤 졸고 있는 거나 마찬가지"라고 말했다. 우리의 잠재력 발휘를 막는 가장 큰 장애물은 바로 두려움이다. 결과가 잘못되지 않을까 하고 확신이 부족하고 두려워서 스트레스를 받을 때, 나에게 가장 위안이 된 글이 있었다. 바로 달라이 라마의 글이다. 두려움을 이기는 방법은 바로 진실된 동기를 가지는 데 있다는 내용이다.

"진실하고 순수한 동기를 많이 갖는다면, 그리고 친절과 자비와 존경을 바탕으로 남을 도우려는 동기로 행동한다면 당신은 어떤 일도 해낼 수 있고, 별로 두려워하거나 걱정하지 않고 잘할 수 있습니다. 설령 목표를 이루는 데 실패하더라도 당신은 노력한 사실만으로도 만족할 것입니다."

우리가 올바른 트랙에 있다는 확신이 있다면 그건 불확실이 주는 스트레스 상황에서 백신과 같은 역할을 하리라 믿는다. 우리를 강하게 만들고 면역력을 높여줄 것이다. 그런 확신은 우리의 선의에서, 원칙에서 나온다.

10여 년 전 나도 사명서를 작성했다. 이를 줄이고 줄여서 한마디로 요약했더니, '평생 배움과 나눔'이라고 정리할 수 있었다. 배움을 좋아하고 학습에 대한 기회를 찾아왔던 것 같다. 아직도 무언가를 배우려고 할 때 가장 마음이 설렌다. 나눔도 많이 가졌기 때문에 나눌 수 있는 게 아니라 작은 것이라도 나누려는 마음이 중요하다고 생각한다. 이런 마음을 유지하려고 오늘도 계속 노력 중이다.

그동안 코칭경영원의 코칭레터를 내보내면서 독자들로부터 종종 공감의 회신을 받곤 했다. 그럴 때마다 느끼는 것이, 나의 글은 공감하는 사람들의 생각을, 그 아주 작은 부분을 내가 대신 표현하는 것이구나, 하는 생각을 했다. 나 혼자의 생각이 아닌 것이었다.

　이 책도 그럴 것이다. 한국의 경영자들, 리더들, 코치들이 느끼고 발견해온 것들의 반영일 것 같다. 동시대에서 비슷한 고민과 깨달음을 얻으며 나아가고 있는 그분들에게 감사드린다.

고현숙